TOURISM PLANNING & DESIGN NO.13

旅游规划与设计 13

旅游规划 ＋ 景观建筑 ＋ 景区管理

北京大学旅游研究与规划中心 主编　　中国建筑工业出版社 出版

绿道·风景道·游径
Greenways, Scenic Byways & Trails

图书在版编目（CIP）数据

旅游规划与设计——绿道·风景道·游径 / 北京大学旅游研究与规划中心主编.
北京：中国建筑工业出版社，2014.9
ISBN 978-7-112-17230-6

Ⅰ.①旅… Ⅱ.①北… Ⅲ.①旅游规划 Ⅳ.①F590.1

中国版本图书馆CIP数据核字(2014)第206025号

主编单位：
北京大学旅游研究与规划中心　　大地风景国际咨询集团

出版单位：
中国建筑工业出版社

编委（按姓名拼音排序）：

保继刚（中山大学）	陈　田（中国科学院）	陈可石（北京大学深圳研究生院）
高　峻（上海师范大学）	刘　锋（国务院发展研究中心）	刘滨谊（同济大学）
马耀峰（陕西师范大学）	石培华（北京交通大学）	王向荣（北京林业大学）
魏小安（中央民族大学）	谢彦君（东北财经大学）	杨　锐（清华大学）
杨振之（四川大学）	张　捷（南京大学）	张广瑞（中国社会科学院）
周建明（中国城市规划设计院）	邹统钎（北京第二外国语学院）	

名誉主编： 刘德谦

主编： 吴必虎
本期执行主编： 余　青
副主编： 戴林琳　汪　芳　杨小兰　阿拉斯泰尔·莫里森
编辑部主任： 袁功勇
编辑： 陈静　崔锐　钟栎娜　林丽琴　李梦姣　韩雪
装帧设计： 读道创意　陆玉堂
责任编辑： 焦扬
责任校对： 姜小莲　张颖
运营总监： 盛永利

封面图片提供： 吴必虎

旅游规划与设计——绿道·风景道·游径
北京大学旅游研究与规划中心 主编

*

中国建筑工业出版社 出版、发行（北京西郊百万庄）
各地新华书店、建筑书店经销
北京盛通印刷股份有限公司制版

*

开本：880×1230毫米 1/16　印张：7¾　字数：280千字
2014年10月第一版　2014年10月第一次印刷
定价：48.00元

ISBN 978-7-112-17230-6
　　　（26006）

版权所有　翻印必究
如有印装质量问题，可寄本社退换
（邮政编码100037）

卷首语

北京交通大学 博士生导师
风景道与旅游规划研究所所长
2014年7月2日

正值《旅游规划与设计——绿道·风景道·游径》专辑即将出版之际，6月22日第38届世界遗产大会传来令人振奋的消息，中国、哈萨克斯坦、吉尔吉斯斯坦首次跨国联合申请的"丝绸之路：起始段和天山廊道的路网"和"中国大运河"项目列入《世界遗产名录》，成为中国第32项和第33项世界文化遗产。

丝绸之路，是古代东方与西方政治、经济、思想和文化技艺交流的重要文化廊道，是世界上最伟大的贸易之路、对话之路、和平之路和发展之路。中、哈、吉三国这次申报的从中国通向哈、吉两国的这一路段的路网（世界遗产委员会建议命名为 Silk Roads: the Routes Network of Chang'an-Tianshan Corridor，即"丝绸之路:长安－天山廊道的路网"），它经过的路线长度大约5000km，包括各类遗迹共33处。其中，中国境内有22处考古遗址、古建筑等遗迹，遗产区总面积为29825.69hm^2，缓冲区总面积为176526.03hm^2。哈萨克斯坦境内有8处遗迹，吉尔吉斯斯坦境内有3处遗迹。跨国联合申请，在中国属于首次。

由扬州牵头的中国大运河项目从南到北总长度1011km，是世界上最长的、最古老的人工水道，也是工业革命前规模最大、范围最广的土木工程项目，相关遗产共计58处。遗产类型包括闸、堤、坝、桥、水城门、纤道、码头、险工等运河水工遗存，以及仓窖、衙署、驿站、行宫、会馆、钞关等大运河的配套设施和管理设施，和一部分与大运河文化意义密切相关的古建筑、历史文化街区等。这些遗产分布在2个直辖市，6个省，25个地级市，遗产区总面积为20819hm^2，缓冲区总面积为54263hm^2，是"活态线形文化遗产"，对这类项目申请世界文化遗产，在中国尚属首次。

丝绸之路和大运河都属于巨型线形文化遗产廊道类型。文化遗产廊道内包括大量文物、遗迹、景点等，数量之巨，涵盖之广，世所罕见。它们的申遗成功史无前例地彰显了对文化遗产廊道保护的重视，也促进了线形文化遗产廊道保护理念在中国的广泛传播及深入人心。而且不远的将来在这两个文化遗产廊道地区，必将掀起文化遗产保护热潮，使这两个世界级线形文化遗产廊道得到更好的保护、传承和发扬。与此同时，也必将极大地促进当地旅游经济发展。

绿道、风景道、游径都属于线形廊道，既包括自然型也包括文化型，而其中的文化遗产廊道是绿道、风景道以及游径中非常重要的类型。在美国国家风景道体系中就有大量的线形文化遗产廊道型的风景道，例如国家历史路、66号公路（又称母亲之路）、大河路等等。近年来，绿道、风景道在我国大地上的不断涌现，也反映了深入研究和探讨线形廊道是发展的必然趋势。而对线形文化遗产廊道，对活态线形文化遗产的保护、管理和利用模式的探索，以实现文化遗产的可持续发展，未来前景广阔而美好！

由于我个人这些年来对有关绿道、风景道、游径的关注与研究，不久前《旅游规划与设计》特意邀请我担任这期"绿道·风景道·游径"专辑的执行主编。我非常乐意有这个为读者朋友服务的机会，同时也为能够与吴主编、刘主编和编辑部小袁、小陈共事而感到非常高兴。

目 录

概述

6　"绿道·风景道·游径"概念浅释　　　　　　　　　　　　　　　　余　青

8　绿道·风景道·游径研究综述　　　　　　　　　　　　　　　　　韩　淼

绿道

24　作为新型城镇公共空间的城市型绿道　　　　　　　　　　　金云峰　范　炜

32　游憩型绿道管理监管机制研究　　　　　　　　　　　　　　　　郭栩东

38　珠三角绿道网与香港郊野公园体系的对比研究　　　　　　　　　胡卫华

风景道

46　风景道空间结构与路侧要素　　　　　　　　　　　　　　　余　青　韩　淼

52　藏区高原风景道旅游景观规划刍议
　　——以国道213甘南藏族自治州段为例　　　　　　　李　巍　刘　润　李东泽

62　城市历史文化型道路更新改造：以美国底特律伍德沃德大街为例　余　青　廉俊娇　韩　淼

68　遗产廊道概念及其保护与可持续利用途径　　　　　　　　　奚雪松　张宇芳

76　国家文化线路遗产战略构建研究　　　　　　　　　　　　　　　刘小方

86　大运河扬州段遗产文化价值及旅游开发的思考　　　　　　　　　光晓霞

游径

96　旅游景区游步道设计探讨　　　　　　　　　　　　　　　　　　李　宏

106　从京西古道到国家步道——浅谈《北京门头沟国家步道系统规划》的形成　　安全山

114　景区木栈道设计建设——以九寨沟风景名胜区为例　　　　　陈浩然　杜　杰

绿道·风景道·游径

CONTENTS

Overview

6   Simple Explanation of the Concept of "Greenways, Scenic Byways & Trails" *by Yu Qing*

8   Review of the Research on "Greenways, Scenic Byways & Trails" *by Han Miao*

Greenways

24   Urban Greenways as New Styled Public Spaces in Cities and Towns *by Jin Yunfeng, Fan Wei*

32   Research on Management and Supervision Mechanism of Leisure Greenway *by Guo Xudong*

38   A Comparative Study between the Greenway Network in the Pearl River Delta and the System of Country Park in Hong Kong *by Hu Weihua*

Scenic Byways

46   Spatial Structure of Scenic Byways and Roadside Elements *by Yu Qing, Han Miao*

52   Tourism landscape Planning of Scenic Byways in the Tibet Plateau: A Case Study of State Highway 213 in Gannan Tibetan Autonomous Prefecture *by Li Wei, Liu Run, Li Dongze*

62   Transformation and Renovation of Urban Historical and Cultural Roads: A Case Study of Woodward Avenue in Detroit, USA *by Yu Qing, Lian Junjiao, Han Miao*

68   Concept of Heritage Corridors and Methods for Protection and Sustainable Utilization *by Xi Xuesong, Zhang Yufang*

76   An Analysis of the Strategic Construction of National Cultural Road Heritage *by Liu Xiaofang*

86   A Study of the Cultural Value and Tourism Development of the Grand Canal in Yangzhou *by Guang Xiaoxia*

Trails

96   A Discussion of Trail Design in Tourist Attractions *by Li Hong*

106   From the Jingxi Ancient Path to the National Trail: A Brief Analysis of Planning of the National Trail System in Mentougou in Beijing *by An Quanshan*

114   The Design and Construction of Wooden Paths in Scenic Spots: A Case Study of Jiuzhaigou Valley *by Chen Haoran, Du Jie*

Greenways, Scenic Byways & Trails

"绿道·风景道·游径"概念浅释

Simple Explanation of the Concept of "Greenways, Scenic Byways & Trails"

19世纪的城市公园运动和20世纪的开敞空间规划浪潮之后,美国建成了大量的公园和开敞空间。然而,这些绿地之间相互独立、分散,缺少系统性的连接,为了将这些分散的绿色空间连通起来,美国从20世纪中叶开始,对各类绿地空间进行了连通尝试。20世纪70年代开始有了"绿道"(Greenway)概念。随着现代绿道运动的开展,美国杰出的公园规划师——弗雷德里克·劳·奥姆斯特德(Frederick Law Olmsted)是绿道这一概念的发明者。奥姆斯特德在1865年编制的大学校园和邻近街区规划中,首先提及两项"绿道"要素。一是将位于大学上方的草莓溪山谷(Valley of Strawberry Creek)作为公共公园地,使其沿线充满驾驶和步行的愉悦,并在峡谷的顶端以一个观景点结束旅途。二是建议通过穿行山地的机动车道将校园和奥克兰连接起来,并提供愉悦的风景体验。这些概念的提出可以看作是绿道发展历程的起源。

第一本综合研究美国绿道的出版物《美国绿道》的作者查尔斯·利特尔(Charles E. Little),在该书中首次对绿道概念进行了全面梳理。认为美国的绿道项目多种多样,变化万千,这主要归功于人类的聪明才智以及变化万千的地形地貌,于是绿道主要的含义也就出现了,即绿道是以保护线形廊道为基础的一条自然、绿色的道路,这些线形廊道能够改善环境质量和提供户外游憩。绿道主要包括五种类型:城市滨河绿道,游憩绿道,具有生态意义的自然廊道,风景和历史路线,全面的绿道系统或网络。

此后,绿道概念被广为接受,绿道的规划和实施也开始大量出现,成百上千条的绿道被规划和建造。正如1987年美国总统委员会报告对21世纪的美国作了一个展望:"一个充满生机的绿道网络……,使居民能自由地进入他们住宅附近的开敞空间,从而在景观上将整个美国的乡村和城市空间连接起来……,就像一个巨大的循环系统,一直延伸至城市和乡村。"

风景道(Scenic Byway)概念起源于美国。这种特殊景观道路源于规划设计者为处理交通、景观、遗产保护和游憩等多功能有机结合而进行的不懈努力。针对风景道的定义,美国交通部1991年的一份关于风景道的报告中曾指出:"给出风景道一个明确的定义是相当复杂和困难的。"美国作为风景道的发源地、主要实践地和研发基地,依据1995年提出的保护和促进风景道发展的官方推广计划——国家风景道计划(National Scenic Byway Program, NSBP),风景道的定义为:一条土地所有权公有的,具备风景、历史、休闲、文化、考古和(或)自然等六大品质的道路,该道路不单指道路本身,还包括道路两边视域范围内的廊道风景,并且该道路要通过立法或官方声明来认定。

美国建立了由国家级风景道(包括泛美风景道和国家风景道两大类)、州级风景道和地方级风景道构成的美国国家风景道体系(American National Scenic Byways)。绿道(Greenway)、文化线路(Culture Routes)、遗产廊道(Heritage Corridors)、风景公路(Scenic Highway)、风景驾车道(Scenic Drive)、风景线路(Scenic Routes)、风景路(Scenic Roads)、自然风景路(Natural Beauty Roads)、公园道(Parkway)、历史路(Historic Roads)等等各类道路,都可以通过申请,按照国家风景道计划制定的标准,经过官方认定后,成为国家风景道体系中的一员。

内在品质是国家级风景道评估体系中的核心标准,包括自然、景观、

图1 美国加州一号公路风景道　　　　　　　　　　　　　　　　　　　　　　　　　　　文彤/摄

文化、历史、考古和游憩等六大品质。在美国国家风景道体系中,历史、文化品质的风景道占据最大的份额,说明了美国对具有历史、文化品质的道路保护和发展利用的重视,例如,大河路(Great River Road)、国家历史路(Historic National Road)、66号历史路(Historic Route 66)、哥伦比亚河历史公路(Historic Columbia River Highway)和林肯路(Lincoln Highway)等等,都是声名显赫的历史文化型风景道。

游径(Trail)目前尚无统一的界定。美国国家游径系统(National Trails System)主要负责单位之一的国家公园管理处(National Park Service)将"Trail"定义为:一条用于步行、骑马、自行车、直排轮、滑雪、越野休闲车等游憩活动的通道。

"Trail"在国内通常被翻译为"步道"、"小径"、"小道"等。但考虑到"Trail"不只是用于步行,还可以是骑马、骑山地车、骑自行车等,此外若译为"小径"或"小道"不能较好地体现"Trail"游憩方面的功能,作者将"Trail"译为"游径"。

综上可见,绿道、风景道、游径三个概念都较为宽泛和多样,三者间互有重复、联系和包含。绿道概念最为宽泛,既可以是道路也可以是自然廊道,同时还可以是游径。风景道概念则相对狭窄些,仅为能够通行机动车的、具有较高自然、景观、文化、历史、游憩等品质的道路。按照美国国家风景道计划提出的评价标准,具有较高自然、景观、文化、历史、游憩等品质绿道(Greenway)(绿道中的道路部分),经申请和官方认定后,可以成为国家风景道体系中的一员,成为风景道。

当今的中国绿道、风景道和游径建设正在如火如荼地展开。对国外理论和理念进行引进,还要对其进行本土化改造,更重要的是要面对中国绿道、风景道和游径等发展实践,积极进行自主性学术研究,以推进绿道、风景道和游径规划、建设和管理在中国的发展。

北京交通大学风景道与旅游规划研究所所长　博士生导师　余青
2014-06-06

绿道·风景道·游径研究综述

Review of the Research on "Greenways, Scenic Byways & Trails"

文 / 韩 淼

【摘 要】

不同的学者都曾对绿道、风景道和游径作过研究综述，反映了绿道·风景道·游径的研究进展和学术动态，以及未来发展潮流和趋势。本文主要是将学者们的综述观点荟萃编纂，以帮助读者更好地对专辑主题"绿道·风景道·游径"的发展和研究，有一个全面的了解和把握。

【关键词】

风景道；绿道；游径

【作者简介】

韩 淼 北京交通大学风景道与旅游规划研究所博士研究生

图1 法国巴黎香榭丽舍大道　　　　赵克定/摄

近年来无论是绿道,还是风景道、游径,在我国大地上都呈现出勃勃生机,也受到了学界的高度关注。不同的学者都曾对绿道、风景道和游径作过研究综述,本文主要是将学者们的综述观点荟萃编纂,以帮助读者更好地对绿道·风景道·游径的发展和研究,有一个全面的了解。

1 绿道研究综述

自20世纪90年代以来,绿道一直是保护生态学、景观生态学、城市规划与设计、景观设计等多个领域的研究热点,这种热潮被称为"绿色通道"运动。绿道理念源起于19世纪的美国,进入20世纪最后一个十年,绿道的理论研究与实践在全球范围内获得了热烈的响应,并首先在欧美国家获得蓬勃发展,目前也逐渐在我国得到推广和兴起。

关于绿道的研究,罗琦、许浩曾在《绿道研究进展综述》[1],胡剑双、戴菲曾在《中国绿道研究进展》[2]中作过较为详细综述。

1.1 国外绿道研究综述

国外从景观游憩美学、生态环境保护、历史文化保护和规划管理角度展开了绿道研究。

从景观游憩美学角度:从绿道的发展历程来看,其最初是作为景观游憩功能而存在的。欧洲中世纪的景观轴线和林荫大道以及美国19世纪后期的公园路为城市绿道提供了原型。Little(1990)在20世纪90年代初就提到:绿道源自19世纪的公园道和绿化带的融合,其最初的功能是提供风景优美的车道以供休闲之用。

工业革命后,中世纪欧洲的城市面貌被改变,很多环状街道建成,局部开辟为景观功能的林荫大道。19世纪巴黎改造后的福熙大街及1858年修建的香榭丽舍大道都是典型代表。同时美国正处于国家公园运动时期。奥姆斯特德规划的西方第一条真正意义上的绿道——波士顿公园系统,最初的功能也只是景观游憩功能。

绿道从林荫大道、公园路发展而来，众多研究者如Gobster(1995)、Ryan和Hansel(2004)、Luymes和Tamminga、Turner(1995)、Tzolova(1995)等从绿道尺度划分、网络构建、公众认知、游憩规划等方面，针对绿道游憩功能展开研究。

从生态环境保护角度：20世纪下半叶，生态空间破碎化使得环境保护受到重视。起源于19世纪城市公园的绿道，在北美等地转变为以生态保护为目的的开敞空间规划，生态与游憩功能共同构成了绿道规划的框架。[4]

绿道的生态功能具有多方面的含义，出现了侧重点各异的绿道生态性研究。其中生态绿道设计的理论与方法，以及游憩道规划环境问题的研究较为普遍。

除了对绿道生态性的一般研究，部分学者还侧重于绿道对于城市生物多样性保护的意义和生态网络的分析评价。其中，美国学者对于生态网络的研究方法直接影响着欧洲国家绿道建设的历程。欧洲绿道大多是在生态网络的观念上发展而来。如今欧洲绿道建设的重点多在保护多物种的生态网络上，并于2000年成立欧洲生态网组织(The European Ecological Network, EECO—NET, NATURA 2000)，其宗旨就是保护景观网络的连通性，保护、增强、恢复关键生态系统、生境物种。

从历史文化保护角度：20世纪80年代后，很多学者发现历史文化资源与其他有价值的资源常具有相同的空间分布格局，考虑把它们的保护纳入到绿道网络建设中去。于是景观规划开始与历史文化资源保护相结合。

研究最初考虑到绿道的建设结合历史文化遗产分布有利于绿道的保护。随后的研究则发现历史文化资源也能提升绿道网络的价值。如美国国家公园管理局提出的"国家遗产廊道"概念，是绿道文化遗产保护功能的进一步拓展。目前越来越多的绿道规划开始注意到线路历史文化价值的利用，并且着重于对历史和文化背景的理

图2 美国波士顿中心公园

文彤/摄

图3 贵州晴隆二十四道拐　　　　　　　　　　　　　　　　　　　　　　　　图片来源：贵州晴隆二十四道拐文化旅游开发总公司提供

解。如Andresen(2004)和他的同事在对杜罗河谷葡萄酒产区进行调查后发现，这个被列入世界文化遗产的地区拥有历史悠久的葡萄园、梯田及特色建筑，于是如何将杜罗的绿道规划融入文化保护中去成为重要议题。

从规划管理角度：国外绿道研究不只停留在对功能各异绿道的规划建设上，近些年的研究还着重于策略工具、利益群体、领导协作、立法管理、公众认知等绿道成功实施的"内核"方面，形成了基于合作与公众意识的规划管理。众多学者，如Haaren、Reich(2006)、Nancy Rottle(2006)、Jessica Allan(2006)等分别从不同的角度对绿道的规划管理进行研究和论述。综合他们的观点，可以认为，绿道规划需考虑不同利益群体，领导协作与立法是绿道成功的关键，公众认同与支持能促进绿道建设顺利开展。

1.2 国内绿道研究综述

从最初国外相关理论实践的引入，到后来针对国内形式的绿道创新，再到如今绿道规划在多个城市和地区的实践，国内绿道研究在过去的几十年间取得了较大发展。国内绿道研究大致可以分为对国外绿道理论引入及实践介绍，以及国内绿道理论与实践探索两大方面。

1.2.1 国外绿道理论引入及实践介绍

我国对绿道的研究是从引进国外的绿道理念及实践案例开始的。

理论引入方面，研究初期，众多的学者对Greenway的翻译出现了绿色廊道、绿道、绿色网络、绿径等，使得国外绿道理论在国内的介绍更为复杂。张文和范闻捷(2000)通过介绍绿色通道概念、发展阶段及在城市建设中的作用，最先开始绿道概念在中国的推广。王志芳等(2001)用具体实例介绍美国遗产廊道的概念、选择标准、保护的法律保障和管理体系等，是我国首次介绍绿道的遗产保护功能。随着研究的深入，国内绿道的介绍也更为全面。许浩(2003)在其《国外城市绿地系统规划》一书中，介绍了林荫道、公园路及国外早期绿道的发展历程。孟亚凡(2004)、朱强(2005)、周年兴等，对绿道定义、特征、分类、作用、规划原则和方法等方面进行了理论介绍。谭少华和赵万民(2007)以美国《景观与

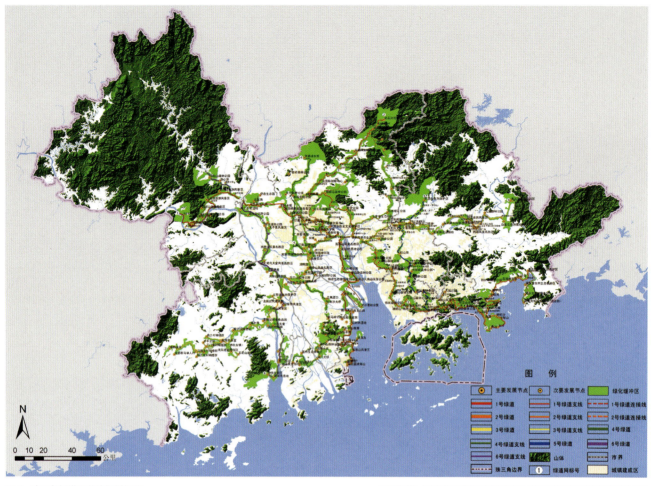

图4 珠三角绿道网总体规划纲要　　　　　　　　　　　　　　　　　　　　　　　　　　**图片来源：广东省住房和城乡建设厅 珠江三角洲绿道网规划项目组**

城市规划》(Landscape and Urban Planning) 杂志3期专刊文章为主，对绿道规划进行了系统的总结和回顾，是目前国内对绿道介绍较为全面的文章。

实践介绍方面，以国外案例为主进行详细介绍。其中又以美国和欧洲的绿道建设为主。对美国绿道的规划建设，刘滨谊(2001)、刘东云(2001)阐述了新英格兰绿道网络规划；金继元(2002)系统介绍了波士顿公园系统项目的建设和管理；王肖宇(2007)对美国黑石河峡谷遗产廊道的保护目标和方案作了介绍。对欧洲绿道的规划建设,张云彬等(2007)认为欧洲绿道建设提出的生态稳定性原则十分值得关注；韩西丽(2008)对斯洛文尼亚卢布尔雅那市环城绿带建设作了介绍和分析，丰富的照片资料显示了一个非常直观的绿道景观。

1.2.2 国内绿道理论及实践探索

我国学者在引入国外先进的绿道理论时，将国外绿道理念与国内相关概念融合，不断进行理论上的创新和实践上的探索。

在理论研究方面，一是部分学者开始关注绿道网络的评价指标体系及优化。陈彩虹等(2000)提出进行连续性布局，建立生态化水系和道路廊道网络，连接残余嵌块体等优化对策。王原等(2007)尝试构建城市生态廊道的综合指标体系，提出了生态廊道网络的五种空间布局模式以及城市生态廊道规划的"七步法"。二是在绿道基础上，结合自然、历史文化遗址，形成了遗产廊道概念。王志芳等(2001)用具体实例介绍美国遗产廊道概念、选择标准、保护的法律保障和管理体系，指出我国没有形成统一的遗产廊道规划和立法管理机制。俞孔坚、李伟等(2005)探讨遗产廊道适宜性分析的新途径，指出遗产廊道作为文化遗产保护领域的区域化趋势和绿道思想结合的产物，在遗产保护中具有重要意义，而中国还缺少这方面的架构。三是延伸绿道概念,强调发展风景道。吴必虎(2001)规划设计了黑龙江伊春小兴安岭风景道和福建宁德滨海风景道;余青延续和拓展了风景道研究,形成了风景道系统理论,并利用风景道理念设计了鄂尔多斯风景道等。

在实践探索方面,一方面是基于地理信息技术方法的绿道构建。随着地理信息系统的发展,国内出现了基于GIS和卫星图像的绿道规划方法。如俞孔坚和李伟(2005)利用GIS技术、许浩(2010)利用GIS技术和航空图像对绿道系统进行分析。此外,部分学者还运用网络指数分析法、景观格局分析法、生态网络分析法等对绿道网络结构进行分析。王海珍、张利权(2005)利用斑块分析、廊道结构、网络结构分析构建优化的绿道网络。龚清宇、谭晓鸽等(2008)采用图论和网络分析法(ANP),对天津市绿地系统方案进行了优化。另一方面是绿道在全国范围的规划建设。近年来,随着国内学者对绿道研究的深入,实践案例相继出现:上海崇明岛规划,浙江台州生态规划,北京市区绿化隔离地区规划,苏州市、三亚市与水系网结合形成的网格式绿地系统,都是融合绿道思想的规划案例。2010年以后我国绿道规划实践进入了一个新阶段。珠三角地区"两环、两带、三核、网状廊道"的绿道网络架构初具规模,形成了珠江三角洲都市带的生态基础支撑。2011年为优化滨湖地区生态格局,保护

图5 福建宁德沿海高速风景道　　　　　　　　　　　　　　吴必虎/摄

和利用环湖地区的风景名胜资源，江苏和浙江两省联合编制了《环太湖绿道规划》，为区域游憩型绿道规划提供了借鉴。

2 风景道研究综述

风景道(Scenic Byway)这种特殊景观道路源于规划设计者为处理交通(一种重要的公共空间)、景观、遗产保护和游憩等多功能的有机结合。风景道在国外已经获得了蓬勃的发展，而在国内则处于起步阶段。关于风景道的研究，余青曾在《风景道研究与规划实践综述》[3]一文中作过详细综述。

2.1 国外风景道研究综述

2.1.1 理论研究

风景道在国外(如美国、西欧)有一定的发展历史，已形成一个独立的、蓬勃发展的研究领域，并取得了丰富的研究成果。美国是风景道的发源地、主要实践地和研发地，为此，本文以风景道在美国的理论研究和实践工作为主线，对国外进行研究综述。

国外风景道从研究内容看主要集中在概念界定、景观评价、规划设计、营销及管理制度等方面。

风景道概念体系是一个重要研究方面，包括了风景道的定义、功能和分类等方面。许多学者在研究风景道及相关问题时，经常使用风景道、文化线路(Culture Routes)、遗产廊道(Heritage Corridors)、风景公路(Scenic Highway)、风景驾车道(Scenic Drive)、风景线路(Scenic Routes)、风景路(Scenic Roads)、自然风景路(Natural BeautyRoads)、公园道(Parkway)、绿道(Greenway)、历史路(Historic Road8)等概念。美国交通部认为给出风景道一个明确的定义是相当复杂和困难的。众多学者从不同的角度对风景道进行了定义。综合来看，风景道定义存在广义和狭义之分：广义的是指兼具交通运输和景观欣赏双重功能的通道；狭义的则专指路旁或视域之内拥有审美风景的、自然的、文化的、历史的、考古学上的和(或)值得保存、修复、保护和增进的具游憩价值的景观道路[1]。

美国依据国家风景道计划(National Scenic Byway Program)，建立了由泛美风景道、国家风景道和州际风景道构成的美国国家风景道体系(American National Scenic Byways)。绿道、公园道、历史廊道等可以通过申请，按照国家风景道计划标准，经过官方认定后，成为国家风景道体系中的一员。从某种程度上可以认为风景道是美国官方对风景道所有类型的统称，是广义风景道家族中的主流和正统，也成为了各类广义风景道的代名词，是对上述各种术语概念的统称。

对于风景道功能，学者们从多角度进行了探讨，综合来看，风景道具有生态、景观、游憩、自然、历史和文化等方面的功能。

规划设计是国外风景道研究的另一个重要领域，主要涉及开发原则、景观评价方法、选定标准和规划流程等方面。其中，风景道景观评估方法、评估指标选定及其可靠性等方面研究尤其受到了高度重视。评估方法主要有等距离专家组目视评测法、地图绘制法、模拟评价法、问卷调查法等。在风景道选定标准上，美国已经建立了国家风

图6 鄂尔多斯风景道 　　　　　　　余青/摄

图7 滇藏茶马古道上雪中马帮队伍　　　　施阳/摄

景道评价体系和标准。各州依据国家风景道标准结合各州实际情况又制定了细化标准。与此同时,风景道的规划设计思想、理念和内容等方面的研究也获得了长足进步,伴随着实践工作的开展不断深入、丰富和完善。从初步形成阶段(20世纪初至40年代)的强调道路和景观美化,以及"体验驾车乐趣";到迅速发展阶段的(20世纪40~70年代)注重景观面貌和历史特征的突出和保护,增加道路休闲功能和娱乐享受,成为道路工程设计和景观艺术设计的结合物;再到完善与成熟阶段(20世纪80年代至今)的规划设计理念综合性和多样化。

风景道管理也是研究中非常突出的一个方面。包括管理权限对旅游者体验影响、管理体制、管理措施等。

由于营销是风景道开发的重要环节,营销技术是促进风景道发展的重要方面,国外风景道市场营销把传统的市场营销理论与风景道实践结合起来进行探讨。美国国家风景道项目营销委员会专门为风景道营销制作了一整套营销工具包,指导产品设计、营销执行计划及特别事件计划等来开展营销活动。

2.1.2 实践发展

美国作为风景道的发源地、主要实践地和研发地。依据美国国家风景道计划的规定和标准,分别于1996年、1998年、2000年、2002年和2005年分5批共计评选出了32条泛美风景道(All American Road)和133条国家风景道(National Scenic Byway),建立了由泛美风景道、国家风景道和州际风景道三级风景道组成的国家风景道体系(American National Scenic Byway)。

美国国家风景道计划制定的出发点是为了"致力于取得经济发展和资源保护的平衡"。它的价值和意义在于:一是为美国国家风景道建设提供了联邦投资,使其建设获得一定的经济支助;二是通过国家风景道和泛美风景道的评定,促进地方政府与公众对风景道建设的重视,对道路景观、历史、生态等价值的保护；三是国家风景道和泛美风景道已成为美国汽车旅游的重要线路，带动了当地经济和旅游业的极大发展。国家风景道计划主要内容包括基金和提名两大部分，规定了风景道的提名和选拔标准，并对基金使用作出了规定。

可以说国家风景道计划的出台极大地促进了美国风景道的建设和发展，更加有效地指导了风景道的开发和管理。

目前，欧美等国家已经涌现了一大批优秀并且闻名于世的风景道，如作为美国泛美风景道成员的美国蓝岭风景道(Blue Ridge Parkway)、德国的浪漫之路和城堡之路等等。美国蓝岭风景道位于美国东部，它是道路规划、景观设计、环境与文化遗产保护、旅游游憩等有机结合的卓越案例，500英里的道路是连续不断的优美宜人的风景，每年有超过2000万名的游客来此游览，是世界上最为独特和最受欢迎的旅游吸引物之一。作为泛美风景道的蓝岭风景道获得了数十万美元的基金资助，用于风景道景观分析和营销活动。

2.2 国内风景道研究综述

2.2.1 实践探索

伴随我国道路建设的突飞猛进以及自驾车的旅游发展潮流，新时代发展趋势和巨大社会需要催生了对风景道的研究。余青教授自2000年起率先在国内进行了风景道规划设计的一系列实证研究，风景道规划项目也从总体规划到概念规划，至修建性规划不断深入和细化，如黑龙江伊春小兴安岭风景道、福建宁德滨海风景道、温州柑橘花滨海风景道、鄂尔多斯总体风景道规划暨重点地段修建性规划以及内蒙古科尔沁风景道。

2000年的伊春小兴安岭风景道，是国内第一条规划的森林自驾车风景道，其设计主旨在于开辟一条森林地区带状旅游资源的利用途径。

宁德滨海风景道、温州柑橘花滨海风景道和内蒙古科尔沁风景道分别从总体规划和概念性规划的角度对风景道沿线游憩设施、娱乐设施选择和布局等进行了规划设计。

鄂尔多斯风景道是我国第一条穿越干旱半干旱沙漠草原景观的风景道。在规划设计时，余青教授结合鄂尔多斯地区的自然生态环境和地域文化特征，创新性地提出了"最少的规划就是最好的规划"的生态设计；景观需要设计及管理原则；人性化、简约化的游憩服务设施设计原则；公众参与，多利益主体平衡等原则，并对风景道景观空

图8 美国印第安纳州布朗县的乡村风景道　　　　　　　　　　　吴必虎/摄

图9 云南腾冲火山地质公园旅游公路　　　　谢川 / 摄

间及植物配置、游憩服务设施规划、交通和信息标志系统规划设计和重要节点声景学设计、管理体制研究等方面进行较为全面、系统和深入的研究。

2.2.2 理论研究

伴随着风景道规划开发，学术界对风景道研究也逐渐受到注意，学者们从不同学科视角的研究显然都有助于我国风景道事业的发展。

由于国内风景道研究是伴随着规划任务而衍生的，为此，对风景道景观评价及规划设计研究成为重要方面。吴必虎等（2001）在黑龙江省伊春市规划设计了国内第一条驾车旅游观光风景道，运用"等距离专家组目视评测法"对风景道景观进行了评价。余青等（2007）在总结国外风景道规划设计基础上从总体理念与原则、目标与形象定位、景观及植物配置、游憩服务设施、交通和信息标示系统、声音景观设计等方面对鄂尔多斯风景道规划设计进行了较为详细的阐述。余青、吴必虎等（2007）还提出了我国自然环境和人文环境差异较大，应该积极开展不同类型的风景道科学研究和实证研究工作，建立风景道管理协调机构，构建中国国家风景道体系。此外，杨斌（2004）在重庆市广阳岛风景道路设计创意中提出了为适应其功能，新建道路要充分利用岛上的自然资源。魏遐等（2007）以福宁高速风景道为例，提出了基于景观评价的风景道旅游规划方法。

由于绿道、历史线路和遗产廊道也是广义风景道家族中的成员。景观规划、城市规划等学科背景的学者从自身学科研究角度出发对绿道、历史线路和遗产廊道进行了多层面的研究，并形成了较为丰富的研究成果。

绿道研究方面，国内学者们对绿道的类型、意义、功能、作用、发展历程和研究进展进行了探索，并结合中国实践进行了实证研究。（详见绿道研究综述部分）

对遗产廊道、文化线路等研究也是风景道研究的另一个重要方面。王志芳、李伟、俞孔坚等在京杭大运河申遗项目的支持下，对遗产廊道、文化线路等进行了研究。王志芳等提出了遗产廊道是遗产文化保护的一种新的和有效方法。李伟等指出在我国建设遗产廊道既是保护众多的线形文化景观遗产的需要，也是在快速城市化背景下建设高效和前瞻性的生态基础设施的需要，同时更是进一步开展文化旅游的需要。他还提出了近年来世界遗产保护领域最重要的动向之一就是对文化线路(Cultural routes or Cultural Itinerary)的保护，而文化线路对我国的文化遗产保护和区域规划有十分重要的意义。此外，孙葛还对丝绸之路（新疆段）遗产廊道文化景观进行了视觉建构研究。

3 游径研究综述

游径(Trail)作为一种重要的户外游憩资源，在世界许多国家与地区已经得到广泛的推广，特别是最早开始进行游径建设的美国。随着我国对户外休闲游憩需求和生活品质要求不断增长。游径是解决我国旅游活动过程中人多地少，人地矛盾突出，公共空间缺乏等问题的一个非常有效的途径。关于游径的研究，林胜兰曾在《美国国家游径系统及典型案例研究》[4]中作过国内外研究综述。

3.1 国外游径研究综述

国外对游径的研究历史较长，发展较为成熟。以美国为代表，已建立了自己的国家游径系统，是世界上游径发展最为完善的国家。因此，本文以游径在美国的发展和研究为主线，对国外进行研究综述。

美国游径的研究内容可以从法律法规、研究报告、开发管理标准、规划设计、管理维护以及影响评估角度进行阐述。

3.1.1 法律法规方面

美国国会于1968年正式出台了国家游径系统法案(The National Trails system Act)，标志着美国的国家游径系统开始走上法制化、规范化和快速化发展。此后几乎每年都会依据实际情况对法案进行局部修订，以更好地指导国家游径系统的发展。1991年的多式联运法案(Intermodal Surface Transportation Efficiency Act of 1991)中，首次规定将款项拨给各州

图10 浙江省温州市永嘉县岩头镇苍坡村

余青／摄

图 11　四川甘孜州九龙县上团原始森林马道　　　马倩 / 摄

用于游径的维护、发展、管理、购置地权等与游径相关的环境保护、安全教育项目等。

3.1.2 全国游径研究报告方面

美国内政部 (the Secretary of the Interior) 下的户外游憩办公署 (Bureau of Outdoor Recreation) 在进行了全国游径的调查研究后，于 1966 年提出了"美国游径"(Trails for America) 的调查报告。报告呼吁联邦应该通过立法建立一个包含国家风景游径 (National Secnic Trails)、公园和森林游径 (Parkland Forest Trails)、都市地区游径 (Metropolitan Area Trails) 三种类型的全国游径系统，并将阿巴拉契游径 (Appalachian Trail) 确定为第一条国家风景游径。1990 年美国内政部和国家公园管理处 (National Park Service) 在一系列研究后提出"美国人的游径"(Trails for all Americans) 报告，讨论了游径的价值：有利于国民的健康，生活的舒适，获得经济利益，保护资源，教育功能，改善交通。研究了地方、城市、州在全国游径系统发展中的角色及作用，提出在游径的发展与规划中，地方发挥着重要的作用，国家游径的发展需要有居民与志愿者的广泛支持。

3.1.3 游径开发管理标准方面

各机构出版的游径开发与管理方面的指南，给游径的建设提供了具体的标准。按照具体内容，这些指南可以进一步细分为几个方面：①游径整体建设管理，如国家森林管理处的《游径建设与管理指南》(Trails Construction and Maintenance Notebook)；②某种类型游径的建设管理，如美国联邦公路管理局的《骑马游径、游径入口、露营地设计指南》(Equestrian Design Guidebook for Trails, Trails heads, and Campgrounds)，《湿地游径设计和建设》(Wetland Trail Design and Construction)，《休闲游径设

图12 河北张家口崇礼草原天路风景道　　　陈静/摄

计和建设》(Recreational Trail Design and Construction)；③某条具体游径的建设管理，如国家公园管理处的《北方乡村国家风景游径设计、建设与管理手册》(A Handbook for Trail Design, Construction, and Maintenance——North Country National Scenic Trail)、阿巴拉契游径协会的《阿巴拉契游径设计、建设和维护》(Appalachian Trail Design, Construction and Maintenance)。

3.1.4 游径开发与规划设计方面

Rand Martin 研究了如何通过合理的游径难度等级的设计，使游径广受欢迎；Tony Boone(2004)指出碎石小径具有人性化的特点，适合所有类型不同年龄游客；VonLoh 提出恢复游径沿线植被的方法；Brian Kermeen 则提出在游径的规划建设中应该考虑为所有人服务，而不仅是残障人士的无障碍设施的设计。

3.1.5 游径管理维护方面

Tony Boone(1997) 提出对游径资源的保护是保护自然和文化资源最好的方法之一。Lois Bachens(2000) 游径的维护管理系统应该考虑框架计划、优先次序、日程、跟踪保养工作。Greg Lindsey，Jeff Wilsona(2007) 研究了城市游径交通的评估方法，提出了一个美国游径的监控系统。

3.1.6 游径影响评估方面

Yu-Fai Leunga, Jeffrey L. Marion(1999) 研究了游径影响评估时采样间隔对准确性的影响，认为小于100m的采样间隔能获得最准确的估计，但考虑到工作效率方面的问题，建议采样间隔在100~500m之间。Jeffrey L. Marion、Yu-Fai Leunga(2001) 对游径资源影响的评估方法进行研究，包括点取样和问题评价，并讨论了如何选择评估方法。Gary Sprung(2003) 认为山地自行车和游径上其他的康乐活动一样，不会影响环境，因此有些管理者禁止在游径上使用自行车是没有

图13 五大连池世界地质公园：火山块状熔岩上的架空游步道　　　　刘德谦／摄

科学依据的。

3.2 国内游径研究综述

我国在游径方面的研究起步较晚，研究文献较少。从文献内容来看，可以根据所研究的游径的不同种类将文献分为以下几种类型：

3.2.1 历史型游径

历史型游径在我国的研究中通常称为"古道"。茶马古道无疑是我国最受关注的古道之一，其旅游开发价值也较早地被人认识。罗仕伟(2004)认为茶马古道旅游的开发对于川滇藏地区都有着积极的推动作用和重要的意义。叶永新(2005)提出茶马古道旅游资源开发中要处理好开发与保护，资源优势与经济优势，茶马古道与香格里拉，旅游业发展与民族地区脱贫，古道沿线各地区之间的关系，并提出政府主导发展，品牌经营战略，多元化投资战略，集约型综合开发战略。刘建峰、张洁、王桂玉(2008)构建了云南省茶马古道旅游发展的点—轴开发结构。其他一些古道，如虞坂古道，屈学书、咸增强(2008)从历史文化、美学观赏、科学研究三方面阐述了其旅游价值。

3.2.2 风景型游径

风景型游径的研究起初多是对森林公园中步道的研究。杨铁东、王洪波、夏旭蔚(2004)对森林公园中游步道设计提出以生态保护为核心，以人性化设计为手段，旨在提高森林公园的品位和质量，改变森林公园千篇一律的现状，使每一个森林公园都有自己的个性和灵性。李沁(2006)阐述了"以人为本"的森林公园体验设计思想，并对森林公园游步道在体验设计中应考虑的景观因素、技术因素、功能因素等方面进行了探讨。吴明添(2007)较为系统地研究了森林公园游步道设计的审美价值、指导思想、设计原则、功能以及游步道的具体设计准则，对游步道的表面设计也作了理论研究。江海燕(2006)将自然游憩地步道分为观景步道、健身步道、科教步道、联系步道几种类型，并提出在步道的选线中要以对资源

图 14 西澳大利亚州班伯里至玛格利特河的风景道　　　　　　　　　　　　　　　　　　　吴必虎 / 摄

影响最小，安全，视觉走廊景观最好，建设与维护成本最低为原则，并总结环形和线形几种典型的规划设计模式。

3.2.3 城市休闲型游径

这几年我国也开始在城市中尝试发展一些休闲游径，并取得一些实践与理论上的成果。周天飞(2004)介绍了兰州市黄河风情线游览步道、绿色景观和夜景观的设计和具体方案，认为这条纵贯市区的旅游风景线取得了显著的社会效益和经济效益。须莉燕(2005)认为宝山环区绿色步道为城市提供了"绿肺"，为市民提供了静态和动态休闲活动场所。吕昀、袁敏、许建和(2008)以城市滨水步道上的节点空间为研究对象，分析并归纳节点空间的典型元素，如滨水广场、滨水建筑小品等，概括空间节点的设置，总结空间节点的营造原则：公共参与性、亲水性、灵活合理分布、生态性原则。

游径系统在我国，直至2008年才有游径系统方面的研究论文出现。胡春姿(2008)的《美国的小径系统及其借鉴意义》，首次对美国国家游径系统从游径的概念和发展简史，审批与建立，管理体制和经营发展特点等方面进行较为完整的介绍，并建议我国启动自然小道建设。徐克帅、朱海森(2008)则介绍了英国的国家步道系统的目的是保护自然文化遗产和满足国民游憩需求，具有公益性、协调性、信息化的特点，并提出步道系统的建设是满足人们日益增长的户外游憩需要的应对措施之一。

4 结语

绿道、风景道和游径都是一种线形游憩空间，都是一种重要的户外游憩资源，是近30年来，欧美国家兴起的对线形空间的生态、资源和品质保护和建设的体系，是其百余年来注重生态环境、自然文化

图15 美国优胜美地国家公园风景道

文彤/摄

遗产保护和管理的延续及发展，反映了道路工程技术与生态环境、历史文化、景观游憩的有机结合，也是生态文明的一种发展。随着我国社会经济快速发展，居民收入不断增加，对户外休闲游憩需求和生活品质要求也不断增长。绿道、风景道和游径发展是解决我国人多地少，人地矛盾突出、公共空间缺乏等方面问题的一个非常有效的途径。此外，我国有着异常丰富的开发绿道、风景道和游径的自然与历史文化资源，应该进行更好地利用。因此，引入国外先进的绿道、风景道和游径理念，能为我国绿道、风景道和游径更好更全面的发展建设提供很好的经验与借鉴。

鸣谢： 本文写作中，从开始立意、构思到定稿，都得到了我的导师余青教授的精心指导和帮助，而且本文中不少内容都是对她的著述的引据，从学术研究的角度来看，其实她就是本文的作者。但是由于余教授执意不肯署名，故我不能不在这里加以说明，并对她表示诚挚的谢意。

基金项目

本文为国家自然科学基金项目"综合交通运输系统中风景道评估体系及模式"（40971288）部分研究成果。

参考文献

[1] 罗琦,许浩.绿道研究进展综述[J].陕西农业科学,2013,(02):127-131.

[2] 胡剑双,戴菲.中国绿道研究进展[J].中国园林,2010,(12):88-93.

[3] 余青,吴必虎,刘志敏,胡晓冉,陈琳琳.风景道研究与规划实践综述[J].地理研究,2007,(06):1274-1284.

[4] 林盛兰.美国国家游径系统及典型案例研究[D].北京：北京交通大学,2010.

绿道·风景道·游径　Greenways, Scenic Byways & Trails

作为新型城镇公共空间的城市型绿道

Urban Greenways as New Styled Public Spaces in Cities and Towns

文/金云峰　范　炜

【摘　要】

美国的绿道建设是在城镇化基本完成，开放空间较充足的阶段展开的，而中国却需要在高速城镇化进程中，在大规模的新城、新区建设中规划绿道，并应对开放空间不足和市民缺少游憩设施的挑战。因此城市型绿道建设成为中国绿道发展的难点。城市型绿道需要比区域绿道更复杂的、个性化的设计和更丰富的设施，但又有着与普通公园绿地不同的空间体验和活动。本文梳理了城市型绿道设计的特殊要求，指出其区别于区域绿道或带状公园的特征，并以佛山新城绿道示范段设计为例，从空间、社区文化和游憩设施角度探索城市型绿道的设计策略。

【关键词】

绿道设计；设计策略；城市型绿道；新城

【作者简介】

金云峰　同济大学景观学系副系主任，教授，博士生导师，
　　　　上海同济城市规划设计研究院注册规划师，
　　　　同济大学都市建筑设计研究院一级注册建筑师
范　炜　同济大学景观学系在读博士生

注：本文图片除特殊注明者外皆由作者提供

图 1　当地传统剪纸艺术在小品设计细部的体现

1 城市型绿道：问题和挑战

1.1 城镇化发展阶段的特征

从 2000 年《国务院关于进一步推进全国绿色通道建设的通知》（国发 [2000]31 号）颁布至今，我国的绿道建设已走过 13 年历程。2010 年广东省的珠江三角洲区域绿道网规划，以及浙江、山东、四川等省的绿道建设，使得 Greenway 从一个引进的新概念，很快成了我国开放空间建设的重要组成部分。

然而绿道的本土化进程也面临一些问题和挑战。其中一项重要的挑战，就是城市型绿道、社区绿道的规划与设计将成为我国绿道建设的重点之一。这是由于与绿道的发源地美国相比，我国当前城镇化发展阶段有三个特点：

（1）城乡结构尚未定型，绿道建设必须与城市空间的大规模新建、更新并行，并成为引导城镇化的公共投资。本文将要详述我们项目设计组完成的佛山新城绿道示范段设计案例，就是典型的新城（新区）+ 绿道网建设的方式，其中绿道建设是现行的公共投资项目，以便以更好的环境提升新城的吸引力。

（2）人口基数大，土地紧缺，城市人口密度高，人均公园及游憩设施比例低。

（3）在广州等沿海城镇化密集地区，尚未出现美国式的逆城镇化、外围城镇化现象。人口不断向大城市的市区集聚。

这三个特点意味着中国将要建设大量的"城市型绿道"。

图 2　传统庭院材质在小场地的应用

图3 东平河边的一段绿道

2012年中国内地的城镇化率首次突破50%，而美国在1920年的城市率已达50%，1970年更上升至73.6%。Greenway一词正是在20世纪80年代正式出现于美国户外游憩总统委员会报告中。1989~1993年，美国迎来了绿道建设的黄金时期，绿道数量从约250条增加到超过3000条。可以说，美国的绿道建设主要是一种"后城镇化"现象，而中国当前却需要在高速城镇化进程当中进行绿道建设。绿道在美国是连接社区与已经成熟的绿色开放空间的手段，在中国却必须与新城、新区及其开放空间的大规模新建并行。

我国人口众多为绿道建设带来了额外的压力，在城市土地使用指标上存在巨大差异。美国1983年和1996年提出人均公园绿地（park Land）面积指标约为25~42m²，而我国2010年的城市规划区人均公共绿地面积指标仅为10m²，两者有巨大差距。值得注意的是，我国的公共绿地"低指标"是东亚人口密集国家的普遍现象，是国家内在的资源禀赋差异，会长期存在。

另外，中国尚未出现美国式的逆城镇化、外围城镇化现象。我国的城镇化人口仍然不断向大城市的市区集聚。在美国，由于大量社区分布于广阔的大都市区域（Metropolitan District）而不是内城中，只要绿道网络连接大都市区的外缘（往往是低建筑密度、高绿地率的城区，如中产阶级的独立住宅区），即可服务于众多人口。相反，如果中国的绿道网络要连接人口众多的社区，就需要"穿进"内城，需要更多分布于市区内的城市型绿道，这些城市型绿道穿越的区域必定是相对高建筑密度、高人口密度的城区。

1.2 城市型绿道与社区绿道的特殊性

城市型绿道（都市型绿道），尤其是其中的社区绿道的定位和规划设计策略有其特殊性。

2010年《珠江三角洲绿道网总体规划纲要》将广东省区域绿道分为生态型、郊野型和都市型三大类。佛山市编制的《佛山市绿道网建设规划（2010—2020）》提出了城市和社区层面绿道的规划目标和设想，其中，佛山市城市型绿道总长度是区域绿道的3倍多，城市型绿道的建设任务更为繁重。

城市型绿道不同于区域绿道，在珠江三角洲人口密度较高、城镇化率高的地区，绿道不是郊野的、假日使用的休闲景点，而是必须紧贴市民每日生活，服务于频繁的日常游憩基本需求。由于土地不充裕，开放空间和游憩设施不足，在对接近市中心的绿道的生物保护、休闲游憩和廊道等多种功能进行权衡时，应当增加社区居民的游憩需求的权重值，这是由中国城市的资源禀赋决定的。

社区绿道是城市型绿道中最贴近社区居民的绿道类型，绿道虽为人们接近自然而建，但城市型绿道却需要有"城市性"。它需要连接重要的城市资源以服务于社区，满足市民日常的游憩需求。佛山市佛山新城绿道网即是典型的城市型绿道网，它被作为绿地系统规划的组成部分纳入城市总体规划，在落实管理上严格与城乡规划体系接轨，系统性地改善城市结构，这是其巨大优势。其中绿道示范段被定位为社区绿道。

城市型绿道必须区别于普通的公园绿地，尤其是不能简单地混同于带状公园、滨水绿地等。主要区别为：

（1）绿道要保证连通性，不是孤立的绿地，而是与更大范围的区域绿道体系相连，并连接重要的游憩、生态或文化资源，例如佛山新城绿道连接世纪莲体育馆、湿地公园和佛山新闻中心、文化综合体。连通性不仅在要在空间上成立，而且必须在绿道的设计中让使用者充分感知到这一特征。

（2）绿道的"线形通道"特征，和其中以游乐为目的的慢行交通，带来了不同于普通公园绿地的空间感受和景观特质——绿道特有的线形的、"动感"、几乎无始无终的空间。这种动感的空间体验混合了绿道内外的人工景观、自然环境以及城市建筑物和活动的界限，改变了人们对城市的意象，也改变了人们"体验城市"的方式。

（3）提供慢行交通系统及其服务设施，且慢形交通系统不在绿道内部循环，而是与区域绿道连接，这使得绿道使用者的活动方式与公园使用者不同。

2 案例：佛山新城绿道示范段设计策略

2.1 从场地到定位

绿道设计项目所处的佛山新城总面积约31km²，示范区内的现状绿地包括佛山公园、东平河滨河绿带、村落公园以及新建的道路绿化用地，但缺少对应服务设施；示范区内已有地标建筑包括世纪莲体育中心、佛山新闻中心、文化综合体等，新城东南部为生态住区与传统村落建筑，但村落用地状况呈混散状，建筑质量不高，采光通风差；示范区范围内地表水资源丰富，水网密布，鱼塘众多，独具岭南水乡特色，如东平水道、生态河涌及村落河涌等主要水系。

我们于2010年完成佛山新城绿道网规划，并着手绿道示范段的方案深化设计。绿道示范段的最大特征，就是几乎处于佛山新城的中心。

佛山新城绿道示范段呈东西向延伸，其北面紧邻东平河，南面越过机动车道，为规划的商业区、居住社区和东平体育公园（世纪莲体育场）。绿道的位置类似于滨水带状公园，但与更大范围的广东省区域绿道相互连接。

在这个优良的区位，优秀的绿道设计可以降低周边地产的投资风险，吸引发展商投入更大的资金，把商业活动和居住意愿持续吸引在这一地区，并极大地提升新城的城市形象。由于绿道与佛山体育公园形成的城市中轴线呈丁字形交叉，其对城市的影响将向南延伸到更远的城区，而且由于绿道的延伸性，其影响的辐射距离比普通滨水绿地更远。

绿道、东平河与城市商业活动之间有着潜在的共生关系，这一微妙共生关系是佛山新城极具竞争力的公共资源。

在进行现场调研时，现状已经有一段建成了绿道。我们预计到这远远不能满足未来人口增长的需求，所以设计要关注场地到河岸原来的1~3m左右的高差；设计还要提升城市形象特征，丰富绿道基地连接的游憩设施、人文资源。现状文化和游憩设施存在欠缺，需要补充建设，这并非绿道选线的错误，而是因为这是新城建设中不可避免的阶段。

由此我们在方案中提出了一些绿道示范段的基本定位：

（1）由于绿道本身的连续性特征，也由于临近佛山新城运动场馆，绿道示范段应该强调"动感"和有动态的韵律。

（2）在这一特殊区位上的绿道必须创造出有特征的场所感，回应气候和地域特征。其设计应该是个性化的，以标示出新城中心与东平河水域交界这一重要边界。社区绿道应该是人文性的，体现社区的文化和居民的集体记忆。

（3）绿道内部应该配置足够的、受市民欢迎的游憩设施，和具有文化特色的"兴奋点"，使其不仅具有连接功能，而且自身具有充分的服务能力，能满足社区需求。

2.2 "微型山谷"

我们考察了佛山市各类公园中人们的使用方式，发现由于气候湿热，使用者多寻找荫蔽和滨水空间，钓鱼、在树荫和亭廊下休息等静态活动较多，这使得佛山当地的公园中大量场地无法得到充分利用。

绿道的设计或许可以引导和改变人们的户外生活方式，设计必须考虑湿热天气影响骑自行车者、慢跑者的情绪。

我们提出的策略之一是利用现状高差，大量梳理和优化地形结构，将地形与道路高差增至形成类似自然界中微型化"山谷"的空间类型，使得骑车人和行人都身处两旁起伏延展的地势中。另外，每一段地形都要有足够长的延伸距离。强调绿道的"连通性"，将绿道向远处连接、连续的空间特点充分传达给使用者。

目的之二是符合骑车人的视觉感知特征，将大部分地形、植物群落都设计为东西向绵长，而南北向狭窄的形态——自行车的行进速度比步行快3~4倍（同样也适用于慢跑者），因此需要路旁的景观单元有更大的尺度。

地形设计同样带来了多样的生境和小气候，为丰富的植物群落创造了条件。设计中的地被草本植物

图4 佛山新城绿道示范段第一标段设计

图5 佛山新城绿道露天浴场

或贴近道路，或在林荫下铺展，与地形一样呈狭长的线状布置，在色彩和质感上渐变，与绿色背景对比。由于地形和植物群落单元在东西方向上延展，或以微地形的形式延续到人工湿地，其连续性较少被道路和硬质场地打断。

但绿道内部也不能与城市结构脱离关系。在重要节点上，空间的旷奥节奏需要发生突变，让游人从景内转换到景外，从体验绿道转换为体验城市，体验东平河，为人们对城市的感知赋予结构性要素。在这些位置点，开阔的草坪，大片种植的地被草花，壮观的阶梯状花田，滨水散步道等构成更加开放性的空间，让绿道内的活动向绿道外重要城市元素无阻碍地开放。

2.3 子空间

城市型绿道设计要从社区需求出发。绿道示范段与15条城市道路垂直连接，具有很高的可达性。各类型群体都需要在绿道中有可以标识和"占据"的空间，而不仅仅是通道性的空间。

因此设计策略之二是在绿道整体的"连通性"空间中创造出子空间。子空间被设计为"舞台"式的场所，其目标是在户外定义出尺度宜人的社区活动场地，产生更多样的社交形式，容纳自发的业余团体艺术表演，以及精心计划的人文主题的公共活动。

为满足新城未来高密度人口的使用需求，我们设计的子空间在数量上几乎均布于绿道中，让从任何入口进入绿道的人们都能得到停留休憩的机会。这种"串联结构"在一般公园中会显得重复，但在城市型绿道中却是有效的。

2.4 社区文化

对这些子空间的最初意象，来自岭南园林的庭园空间类型。岭南庭园（如佛山的清晖园）充满凉荫，有着十分通透的、造型特别的亭廊，常用陶瓷、灰塑、木雕、玻璃等特有的材料……绿道中的子空间也应该是舒适和有特别氛围的场所，其内容需服务于社区不同人群的需求。

灰砖、陶瓦、冰裂纹隔断、月洞门、青砖铺地等统一的材质、形式特征联系多个子空间，以提炼传统园林之原型的方式保留。

2.5 动与静、围合与通透的相互转换

子空间与绿道的主要游线之间，存在静态停留场地向动态线形空间转换的问题。子空间的设计必须在围合感与开放感之间取得恰当的平衡。

子空间中大量利用景墙、灯柱和廊，但是将它们设计得十分通透，并在部分墙面前设置镜面水池，以接近我们在岭南庭园中感受到的轻盈、通透和倒影（但超出传统庭园的尺度）。

长廊和门式的景墙以金属材质结合园林的冰裂纹图案、佛山特色的剪纸艺术等地域文化元素，这些半通透的隔断在视野中多层次重叠，创造出在围合与通透之间的暧昧的空间效果。

图6 佛山新城绿道一段景观的分解轴测图

过多的"传统文化元素"会冲淡绿道的自然特征，形成到处是符号的"意义过剩"，因此使用金属材质，将景墙相互错位，或将子空间与主游线在视线上联系。有佛山地域文化元素的小品受到了当地媒体和部分市民的欢迎，但真正提升小品效果的是子空间的特质：既是围合的，又是半通透并向外开放，因此总能将人们的注意力转向周围更大尺度的环境，吸引人们去参与慢跑、骑车运动，而不是长久停留。一些子空间与慢跑道连接，或有纵深的视线通廊，以保持空间的动感。子空间之间留出足够的廊道宽度，廊道中的树林保证了绿道内生境的连续性。子空间承载着社区文化，但同时小场地上的文化元素符号处于开放的、半通透的具有运动感的空间类型中，从而保持绿道大尺度的动态空间体验。

2.6 游憩设施：引导城市闲暇生活

高密度城市环境中的社区绿道，必须把游憩设施作为重点设计内容。我们提出的第三条策略，是利用有特色的游憩设施设计作为绿道沿线的"兴奋点"，引导和更新市民的公共生活方式。

回顾历史，120年前，奥姆斯特德和沃克斯在波士顿查尔斯河的河滨走廊设计中首次将运动场地作为滨水公园的核心。20世纪90年代，哈格里夫斯设计完成路易斯维尔滨水公园，为了让原为工业废墟的滨水空间重新吸引公众，他设计了景观化的夏季游泳池、自行车道、音乐会草坪，以及不同年龄段孩子的游乐场，路易斯维尔滨水发展公司在公园旁新建了大型体育场馆，来吸引游客，刺激市中心发展。

佛山新城绿道示范段拥有与路易斯维尔滨水公园类似的区位，近旁的世纪莲体育馆将会吸引大量人流，成为城市户外公共生活的中心。我们参考了诸多类似项目的游憩设施类型配置，并推测：佛山新城的人口构成将比佛山市老城区更加年轻化；新城的中央商务区、总部经济发展区等经济定位，将会吸引一批对户外休闲活动形式要求高的崇尚快乐和时尚运动的人群。

为此在佛山新城绿道示范段的子空间中设计了专门的青年滑板基地、儿童游乐场、露天浴场、音乐会草坪、岭南特色庭院茶室等。但其中最大规模的游憩设施是露天浴场。

2.7 绿道里的露天浴场

在绿道二期设计任务书中，受业主佛山新城管委会委托，我们将临东平河的一处面积约为3.3hm² 的水塘改造为露天浴场，能同时容纳2000人。它最大的特色，就是将室

图7 张家口崇礼"草原布达拉"　　　　　　　　　　　　　　　　　袁功勇/摄

外泳池、水上娱乐活动放置在全景式城市景观中，让人们在游泳时享受绿道、河流与城市的壮观景象。

2012年东平绿道露天浴场向市民免费开放，受到了市民热情的欢迎。露天浴场与城市大型体育场馆临近，加强了公共体育活动服务设施的集聚效应，可以共享人流。

随着绿道二、三期建成，出现了自行车骑游团体，偏爱露天浴场的游泳者群体，使用绿道的民间文化团体等。本地媒体的报道乐于传播绿道阳光、运动、健康的形象。绿道更新了城市的公共生活方式。

3 总结

东平城市型绿道成了观察整个新城发展的眼睛。它不仅推动了周边地区的发展，也更新了居民公共生活的方式，让公众对绿道和新城形象有了更积极的想象。绿道、城市经济和自然环境之间的互利共生关系使得城市型绿道成了市区内新型的公共空间。

绿道具有流动性、连通性的空间特征，提供了接近自然、返璞归真的机会；而城市高密度的市区开放空间需要满足大规模游憩使用的场地，满足当地社群文化的凝聚力，也需要大量投资来实现个性化的设计——城市型绿道的设计策略必须努力达到最佳的平衡。

对城市型绿道的设计创新是迫切的，公众对绿道示范段表现出的热情，为城市竞争力提升作出了贡献，成了进一步开发新城绿道体系的动力，最终决定性地塑造了快速城镇化过程中的新城公共空间结构。

（设计项目组主要成员有：金云峰、周晓霞、翟宇佳、范炜、周煦、李晨、杨丹、刘佳微、朱隽歆、王连、陈光、张悦文等）

参考文献

[1] 金云峰，周煦. 城市层面绿道系统规划模式探讨[J]. 现代城市研究，2011（03）：33-37.

[2] 刘滨谊. 城乡绿道的演进及其在城镇绿化中的关键作用[J]. 风景园林，2012（03）：62-65.

[3] 金云峰，周聪惠. 绿道规划理论实践及其在我国城市规划整合中的对策研究[J]. 现代城市研究，2012（03）：4-12.

[4] 王招林，何昉. 试论与城市互动的城市绿道规划[J]. 城市规划，2012（10）：34-39.

[5] 秦小萍，魏民. 中国绿道与美国Greenway的比较研究[J]. 中国园林，2013（04）：119-124.

游憩型绿道管理监管机制研究

Research on Management and Supervision Mechanism of Leisure Greenway

文 / 郭栩东

【摘 要】

文章在监管者和被监管者仅具有有限理性的前提下，对广东绿道管理规定将要实施的过程中，双方策略选择的互动机制进行理论分析。通过深入绿道各博弈主体的相互耦合联系来确定绿道各个阶段的经营管理模式之间的结构联系，从而推导出发展的内部规律，然后以此为依据建立在功能、结构以及发展上均能达到经济与社会可持续发展要求的动态自适应管理机制。

【关键词】

绿道；管制；演化博弈；管理

【作者简介】

郭栩东　广东省肇庆市肇庆学院旅游管理系教师，博士

图1 广州国际生物岛绿道　　　　　　　　　　　　　　　　　　　　文彤／摄

1 背景分析

近几年来，绿道在国内的发展表现出一种积极的趋势，但是毕竟绿道被引入中国的时间并不长，还未充分引起大量学者和国人的普遍关注。随着绿道概念的日渐流行，全国很多地区都开始在其旅游发展战略中涉及绿道的开发建设。

珠江三角洲地区于2003年首先提出区域绿地概念，并在随后的区域规划中对珠三角区域绿地进行深入研究和初步划定，在进一步落实过程中，根据新时代的发展需要，结合国外"绿道"规划建设案例的经验与启示，丰富了传统区域绿地的内涵，调整了区域绿地划定的思路，最终构建由维育生态安全的禁建控制线和促进生活休闲的区域绿地组成的区域绿地系统。广东绿道的建设及区域网络系统的形成给绿道旅游的发展带来了良好的发展前景，也给绿道在中国的推广树立了成功的例子。在国外，绿道旅游早已起步，研究和发展都比较成熟，并且越来越受到旅游者的青睐；在中国，绿道旅游才刚起步，对其发展与研究都有待提升与探讨，踏上时代发展的浪尖，是一种适应潮流的选择。2010年1月，省委办公厅、省政府办公厅向珠三角各市发出《关于开展珠三角绿道网规划建设的工作意见》，由此吹响了绿道建设的号角。同年年底，国务院办公厅全文转发了《国务院关于加快发展旅游业的意见》（国发[2009]41号），将旅游业提高到国家战略性层面。为了建设和谐广东、幸福广东，省委、省政府高度重视绿道旅游的发展，广东旅游业将依托绿道网这一崭新的平台，开发相关的绿道旅游产品，在全国率先推出绿道旅游，打响这个新品牌，发展绿道旅游的工作正在紧锣密鼓地进行中。

2011年是广东在全国先行先试国民旅游休闲计划的第3年。试行3年来，广东不断加大旅游与相关产业、行业融合发展的力度，创建了绿道旅游、森林生态旅游、中医药文化养生旅游及工业、农业、文化、科技等多个专项旅游，为广大居民旅游休闲提供了丰富的产品和服务，培育了新的旅游消费热点，营造了良好的旅游休闲氛围。绿道旅游是国民休闲计划的重要组成部分。发展绿道旅游，把绿道旅游打造成为广东旅游的新名片、新亮点、新品牌，让绿道给老百姓带来实惠，成为真正的幸福之道、富民之道。利用绿道发展旅游，是充分发挥绿道功能，使人民群众共享绿道建设成果，切

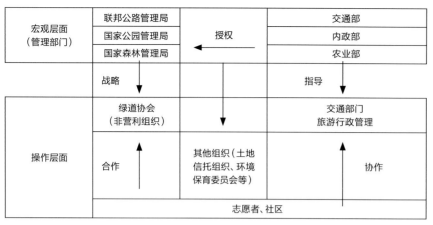

图2 管理体系图　　图片来源：作者根据美国联邦公路管理局官方网站整理所得

实增进人民群众福祉，推动幸福广东建设的重要举措；是完善旅游休闲产品体系，深入实施国民旅游休闲计划，扩大内需，促进就业，推动旅游业区域协调和可持续发展的有效途径；是进一步打造广东旅游精品，发展壮大旅游产业，促进旅游产业转型升级，建设全国旅游综合改革示范区和旅游强省的重要载体。为推动绿道旅游，广东已着手编制《广东省绿道旅游发展规划》，精心策划系列绿道旅游精品线路，并组织了"绿动岭南——绿道旅游"系列活动。

绿道投入使用后不可避免会出现管理和养护的问题，从使用情况看来，绿道管理跟不上已经非常明显。各地也都根据自己具体情况来探讨适合自己的管理方式，但是这些探索并没有得到切实可行的方案。结合一年的具体管理情况来看，各地相关部门切实抓任务，促使绿道网络基本贯通投入使用，但是随之而来的各种配套设施以及相关服务等等，仅仅依靠政府部门成本不容小觑，而引入市场机制又没有相应的规章制度可供参考。

依照广东目前的管理实际情况来看，相当多的游憩型绿道建设的出发点都是落到经济利益上头，一部分地方已经初具规模，比如增城和从化等。从试点市的绿道试点工作的效果来看，已取得一定实质性的进展。虽然政府已经认识到在绿道管理方面存在的不足，但尽管不断在改变或改进完善游憩绿道经营机制仍然面临一系列问题，应当怎样去解决目前绿道管理上的问题是个很有价值的研究方向。

美国的游憩型绿道经过长期的实践已经形成了一整套完备的市场化、产业化经营模式，并采取政府财政直接拨款和专项基金资助、特许经营、绿道自身资源出租、企业合作、社会捐赠、发行绿道建设债券和福利彩票等形式筹集资金。此外，美国的绿道建立广泛的社会参与机制，激励研究机构、社会团体、非营利机构、当地企业和志愿者团队参与绿道的建设、维护、设施经营、资金筹集和认养认管等工作。所以说美国绿道管理的监管机制是非常完善的。与美国游憩型绿道从一开始就有广泛的公众基础不同，我国珠三角绿道建设首先是由省政府倡导规划并依靠行政命令执行的，虽然用地保障优势明显，但因缺乏公众基础，造成后期管理和维护存在很大的困难。珠三角绿道建设管理涉及部门众多，如绿道办负责绿道建设，市政部门负责照明等设施的管理维护，交警部门负责借道通行方面的交通问题，旅游部门则注重绿道的开发利用等。绿道办目前只是临时机构，不能从真正意义上联合各相关部门协调解决相关问题。

事实上在我国，各城市的游憩型绿道市场化运作已经成为一种现实，绿道管理实践借鉴商业的做法都已成为一种各地区相关部门纷至沓来学习取经的先例，特别是广东省珠三角区域绿道网络。社会各方的态度也由原来的问责逐渐转为引导，以寻求更理性、实际的出路。因此对于游憩型绿道管理的监管，保护消费者的合法权益，促进绿道健康、可持续的发展，已经成了迫切需要解决的问题。本文从目前游憩型绿道管理现状入手，探索经济学视角下的适合工商管理部门、绿道管理部门和绿道行业协会、旅游行业协会等对现有绿道经营的监管机制，并提出措施建议。

城市游憩型绿道建设从最初的起步期开始，已经转向一个探索发展期，拥有绿道的各地政府都对此非常重视，尤其是绿道发展对于当地旅游业的发展具有重要的带动与促进作用，因此绿道数量增加与绿道旅游市场扩大，因而在这样的背景下绿道受到了越来越多投资者的重视，这些变化使得绿道市场化的程度加剧，同时，消费者的消费行为逐渐理性，游憩行为日趋成熟与个性化，可以通过各种渠道获得自己想要的信息，这些变化都有可能加剧绿道经营的竞争程度。

游憩型绿道的由来本身就与人的活动息息相关，消费者对游憩型绿道的交通、餐饮、住宿、游憩项目的选择、购物等信息的不了解，在信息不对称情况下，处于信息优势地位的经营方会利用信息筛选的方式隐匿对自己不利的信息，从而有可能侵害消费者的合法权益，同时，合法经营的商家也会深受其害，这就无形中损害了声誉与积极性。特别是服务水平的不一致，也没有一个可量化的标准，消费者与守法规范经营者的合法权益将受到损害，不利于绿道经营市场化的健康可持续发展。

2 绿道管理与监管机制的辨析

2.1 绿道管理

绿道管理可以表述在既定的权力结构下，讨论绿道资源分配和应用。绿道管理是把绿道作为一个"企业"，其核心是把可进行市场运作的绿道资源及相关资源进行管理，强调绿道内部资源和外部资源的整合。从目前我国的绿道发展实践来看，行政管理主要集中在绿道规划、设计、布局、交通、环境等方面。而在管理问题上，目前在缺乏市场机制的引入的情况下也只有由政府投资。

2.2 绿道监管

监管可以这样理解，例如面对面沟通、合作、协调，使资源得到合理的开发和利用，从而更好地弥补经济体制暴露出来的缺陷，这实际上是一种综合的能够达到"双赢"的管理方式。绿道监管机制能够保证是政府机构和市民社会、公共部门以及私营机构能够顺利地进行互动和协作。绿道监管过程涉及多方面的利益关系，如管理者与被管理者间的关系，政府机构和市民社会间的关系，政府部门与监管对象间的关系等。

2.3 绿道管理与绿道监管机制

绿道监管机制中需要解决的一大问题就是如何合理地分配绿道管理权力以及如何协调好不同利益单元间的关系；从管理的角度来对绿道资源进行有效的管理是绿道管理的核心所在。绿道监管的任务主要集中在对绿道管理权的合理分配，管理责任的分散以及社会各利益群体之间的协调；而绿道管理实质上是一种理想化的最佳模式，只有在社会经济大力发展，市场经济体制不断成熟，社会民主化与法制化的不断完善并且政府职能发生改变（即一些非政府组织也可以参与维持社会秩序，进行经济和社会调节）的前提下，这种模式才会被人们所崇尚和追求。所以，绿道管理只有在好的监管机制下才能取得好的效果。

3 绿道经营的监管存在的主要问题

依照广东目前的实际管理情况来看，相当多的绿道建设的出发点都是落到经济利益上头，一部分地方已经初具规模，比如增城和从化等。从试点市的绿道试点工作的效果来看，已取得一定实质性的进展。目前存在的问题主要表现在：

3.1 监管基本法规缺失

目前我国的游憩型绿道经营多数是学习国外，特别是美国绿道管理的成功经验，采取政府保障为主，市场运作为重要手段的市场化经营模式，也是目前最受欢迎的模式。然而我们不能忽略的是美国绿道的快速发展有赖于诸多法案的推动和制定，是以完善的立法与管理制度为前提的。广东珠三角绿道制度建设相对滞后，系统的管理维护机制没有建立，导致各市绿道在管理时无据可依，这给绿道的可持续发展带来了挑战。

3.2 监管效率低下

绿道管理本身就是一个复杂的系统，绿道管理的客体即绿道管理的对象，包括一切可以由绿道政府管理部门直接或间接运用市场和政策手段进行整合，有利于绿道建设与发展，有利于绿道知名度、美誉度提高和形象提升，有利于提升绿道竞争力，促进绿道可持续发展，能够资产化、资本化的绿道资源都是绿道管理的对象。绿道监管涉及观察家相关企业设立，经营的监管，人员的监管，行为的监管，纠纷的处理，资源的开发，环境保护的监管，相关地方性的规则又缺乏系统性、统一性，目前就算地方政府、相关部门投入大量人力、财力进行管理，但是总是感到效果低，达不到效果。

3.3 监管体系混乱

绿道这一概念本身是舶来品，绿道资源本身涉及不同主管部门监管，相互的职责权限不明确，不清晰，很容易发生管理越位或不到位现象，加上行政上临时管理机构的管理条文或规则缺乏可操作性，部门之间利益等因素的影响，使得目前监管混乱，常常出现没人管的现象；由于各市、地区的实际情况不同，经济发展条件和市场的培育程度水平不一致，使得地方性的条例内容不一，缺乏协调和操作性。

3.4 监管中群众基础薄弱

美国绿道是全民运动的结果，它没有单一的国家绿道程序、法律或基金，相反，它由一个个成功的例子结合起来：鼓励政府拨款，公民宣传，非营利组织的活动，富有的捐赠人和各个州及城市良好的地方领导。与美国绿道一开始就有广泛的公众基础不同，珠三角区域绿道是省政府倡导规划并依靠行政命令执行的，虽然用地保障明显，但因缺乏公众基础，造成建成后期管理困难。

3.5 消费者保护力度不够

我国现有的法律对消费者权益保护的规定主要在《消费者权益保护法》中，但它已经跟不上时代发展的需要。立法技术上还显粗疏和拙劣，缺乏完整的可操作的法律规范结构和体系，有些规定过于模糊、抽象，实际维权过程中操作难度较大，再加上随着我国休闲游憩业态的发展，新型的方式不断涌现，市场上出现的新的侵权行为在《消费者权益保护法》中找不到相关的法律依据，消费者在维权过程中往往出现无法可依的尴尬境地。

4 现阶段绿道适应性管理模式的具体表现

现实中很难在短时间内对绿道经营管理制定最佳的方案，通常会对绿道发展过程中进行逐步的试错分析，进而一步步地寻求最佳的方案，该过程的内涵特性即为：各主体间的矛盾与利益冲突会随着绿道整体的发展而逐渐显现出来，且最终将达到一种动态的平衡，建立起完善的均衡机制。绿道的经营管理也是经历从非正式到正式的过程，在此过程中，各地绿道博弈主体关系在具有共同演进的趋势下呈现出各自的独特性，这是因为地域文化等差异造成，因而理论上没有生命周期完全吻合的绿道资源地。

绿道建设在中国并没有很长的时间，但从目前各绿道的实践中可以发现，不同的环境背景下出现了不同的经营管理模式，但是，有一点可以确定的是各制度都是行之有效的，所以说，绿道的管理受制于客观环境背景，又依随着绿道主体的发展而不断变化。

所以，绿道经营管理模式必定不是固定不变的，只有建立起动态的依随发展条件而调整匹配的管理模式才能符合可持续发展的要求。这也就提醒我们应当根据动态、演进与变迁过程，通过深入考察绿道经营管理模型的产生、演进与变迁过程，通过深入绿道各博弈主体的相互耦合联系来确定绿道各个阶段的经营管理模式之间的结构联系，从而推导其发展的内部规律，然后以此为依据建立在功能、结构以及发展上均能达到经济与社会可持续发展要求的动态自适应管理机制。

现阶段，绿色游憩方式正大行其道，通过以上分析，如何引导作为博弈主体的消费者和经营企业适应新型游憩绿道方式的发展，并与旅游、环境相结合，积极开发新型绿道产品，形成新的消费游憩理念（图3）。

对于一种新兴的游憩方式或新型模式，需要依托社会舆论，政府、媒体以及相关企业等多方面的努力与配合，才能有效地引导消费者进行有效的绿道活动及相关的消费。根据各绿道的自然生态条件和民风民俗特点，恰当地进行人为设施的

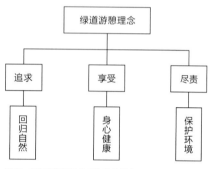

图3 绿道游憩理念（作者自绘）

配置，按可持续发展的原则设计游憩线路及供给游憩产品。要注重注入新型营销服务理念与技术，注重区域的特色及本地的产业结构进行合理配置，形成相关的服务产业链，保证生态自然环境的优化。媒体应该发挥正确的导向作用，确保正确游憩理念的形成，以利于整个生态环境的平衡。

对于绿道游憩的教育，这与当今倡导的绿色理念是一致的。理念要求人们在追求自我参与式活动与回归自然的同时，要尽责，即要尽爱护自然、保护自然的责任与爱心，这样才能自觉地得到一种人与自然

合一的高尚感受。在西方发达国家，我们不难发现：良好的环境是各产业建立和发展的基本前提。随着生活实践与生活方式的改变，人们已经开始意识到身边生活环境的重要性，这是一种环境环保意识的价值观形成的萌芽状态，自然地随着我们教育的改观与生活实践的感受，就会转变成一种爱护环境、保护环境的行为。具有绿色理念的态度与方式就是不给自然环境增加任何负荷的生活实践。所以加强绿道的游憩理念教育，让人们接受绿道游憩，可以增强消费者的绿色理念，自觉地参与绿道游憩。

因此，地方政府在指导或针对绿道制定的相应的管理规定的时候，不要只把着眼点放在规定的出台与实施，而是要注意到规定出台实施监管后的效用，如何进行监管创新，用更好的手段施之于民，造福社会，而不是运用行政管理手段进行强制管理。这是管理创新的落脚点与创新所在，也只有这样，才能实现所谓的绿道旅游体验的境界，真正的精神愉悦在于与大自然的交融。

图4　北京奥林匹克森林公园花田野趣小径　　　陈静/摄

基金项目

2012肇庆市社科项目，2012年肇庆学院青年项目（20120108）

参考文献

[1] Faros Julius. Greenway planning in the United States: its origins and recent case studies[J]. Landscape and Urban Planning, 2004, 68: 321-342.

[2] Faros, J. Introduction and overview : the greenway movement, use and potentials of greenways [J]. Landscape and Urban Planning, 1995, 33(1-3) : 1-13.

[3] Yokokhari Makoto, Anemia Mamoru; Amati Marco. The history and future directions of greenways in Japanese New Towns[J]. Landscape and Urban Planning, 2004, DTD 5:1-13.

[4] Erickson Donna L. The relationship of historic city form and contemporary greenway implementation: a comparison of Milwaukee, Wisconsin (USA) and Ottawa, Ontario (Canada)[J]. Landscape and Urban Planning, 2004, 68: 199-221.

[5]（美）查尔斯·科特尔.风景道规划与管理丛书——美国绿道[M]. 余青，莫雯静，陈海林译. 北京：中国建筑工业出版社，2013.

[6] 郭栩东.休闲游憩绿道建设的理论与启示——以广东珠三角九城市为例[J].生态经济，2011,(7):73-77.

[7] 谈正达，王文平，谈英姿. 产业集群的知识共享机制的演化博弈分析[J]. 运筹与管理，2006,15（2）:56-64.

珠三角绿道网与香港郊野公园体系的对比研究

A Comparative Study between the Greenway Network in the Pearl River Delta and the System of Country Park in Hong Kong

文 / 胡卫华

【摘　要】

本文通过珠三角绿道网与香港郊野公园体系的对比研究，总结出它们在基本概念、管理模式、制度建设和功能开发等四个方面的区别。基于作者的调查，指出香港郊野公园"生态至上"的理念，完善的路径体系，人性化的标识系统，便捷的信息服务和广泛的公众参与，值得内地绿道建设的借鉴。最后提出制定全国性的绿道建设标准，建设全国性的绿道网络体系，完善绿道配套服务设施系统，将绿道建设成为新型城镇化的一道亮丽风景。

【关键词】

绿道网；郊野公园；珠三角；香港；对比

【作者简介】

胡卫华　深圳职业技术学院管理学院副教授，硕士生导师

注：本文图片均由作者提供

图 1　清水湾郊野公园里的休息凉亭

"绿道"最早见于 19 世纪 60 年代美国波士顿公园的绿道系统。从多年探索试验到最终有效实施，绿道系统刺激了美国经济增长，推动了德国旧城更新，促进了新加坡社会和谐，串起了日本的名山大川。当前，绿道作为一种新兴的休闲旅游载体，正在我国范围内如火如荼地展开建设。加快各级绿道建设，是建设美丽中国的内在要求，也是转变发展方式，改善生态环境，提高居民生活品质的重要举措。作为全世界生态环境保护最成功的地区之一，香港在郊野公园体系建设方面积累了丰富的经验。近十年，笔者长期关注于绿道及郊野公园的建设管理问题，实地调研了珠三角地区深圳、广州、东莞、惠州、中山五市的绿道，先后走完了省立绿道 2 号线深圳宝安区福永段、福田区梅林坳—南山区长岭坡段、龙岗区大鹏段和省立绿道 5 号线龙岗大运中心段、光明新区大顶岭—观光北段、惠州红花湖绿道、东莞松山湖绿道、大屏障绿道、增城小楼绿道、中山金钟水库古香林绿道和香港西贡东、香港仔、大榄、大帽山、城门、金山、狮子山、清水湾（图 1）等郊野公园，总共徒步 300 余公里，获得了大量的一手资料。

本文拟将珠三角绿道网与香港郊野公园体系进行对比研究，希冀能为内地的绿道建设提供借鉴和指导。

1 珠三角绿道网与香港郊野公园体系发展综述

1.1 珠三角绿道网发展综述

广东作为内地绿道建设起步最早的区域之一，既有来自外部发展形势的压力，更有自身转型发展的内在要求。一是多年来城市无序蔓延扩张现象日益明显，珠三角区域城市生态底线面临挑战。二是落实国家"坚持扩大内需，统筹城乡发展，促进区域协调，着力保障民生，建设资源节约型、环境友好型社会"的战略要求。三是满足珠三角地区日益增长的宜居需求。世界发展历史证明，当人均 GDP 超过 3000 美元后，社会对休闲消费产生较大需求。2012 年，珠三角人均 GDP 已达到 13454 美元[1]，城乡居民闲暇时间增多以及对健康和运动的关注，使得对绿色宜居生活的需求愈发强烈。

2010 年广东省提出将用 3 年左右时间，在珠三角地区率先建成总长约 1690km 的 6 条珠三角绿道网的主体框架，力争1年基本建成，2年全部到位，3年成熟完善，将珠三角绿道网打造成为实践科学发展观，建设宜居城乡和幸福广东，惠及广大百姓的标志性工程。随后，广东省先后印发了《珠江三角洲区域绿道（省立）规划设计技术指引》《广东省省立绿道建设指引》《广东省绿道控制区划定与管制工作指引》以及《广东省城市绿道规划指引》等技术文件。

如今，珠三角地区绿道网已初具规模，6条省立绿道已全部建成，累计建成各类绿道6000多公里，覆盖面积约5.46万 km^2。2012年，广东将珠三角绿道建设推广到全省范围，规划到2015年建成绿道近9000km，市民出行10~15分钟即可进入绿道。广东绿道已经成为广东省面向全国的一张名片。

1.2 香港郊野公园体系发展综述

在中国，香港目前是郊野公园开发最成功的地区，其郊野公园深受市民和游客欢迎。美国环境科学专家汤博立（Prof. Lee M.Talbot）被誉为"香港郊野公园之父"。汤博立20世纪60年代曾经在美国海军陆战队服役，退伍后协助国际自然保护联盟（IUCN）考察生态。香港政府于1965年邀请他到香港勘察郊野环境，经过一年多考察后，汤博立提出《香港保存自然景物问题简要报告及建议》（Conservation of the Hong Kong Countryside）[2]，成为香港郊野公园发展的蓝本。

香港政府为保护及发展郊区，使市民获得更多的康乐设施，于1976年制定了《郊野公园条例》，为设立、发展及管理郊野公园和特别

表1 珠三角绿道网的三种绿道类型

绿道类型	定义	实例
都市型绿道	主要位于城市建成区，以改善人居环境、方便城市居民进行户外活动为主要目的而建设的绿道	深圳华侨城自行车绿道、肇庆星湖绿道
郊野型绿道	主要位于城郊地区，以加强城乡生态联系、方便城市居民前往郊野公园休闲健身为主要目的而建设的绿道	珠海湿地绿道、东莞松山湖绿道
生态型绿道	主要位于乡村地区，以保护生态环境和生物多样性、欣赏自然景致为主要目的而建设的绿道	广州流溪河绿道、惠州生态旅游绿道

地区提供了法律根据。香港政府同年12月3日划定首批城门、金山、狮子山3个郊野公园。目前全港已划定了24个郊野公园，占香港总面积的37.5%。它们分布在海之畔、山之巅、水塘旁、林地边，以及山坡、海岛，总面积超过43000 hm^2，每年游客约1200万人次。

2 珠三角绿道网与香港郊野公园体系的对比研究

珠三角绿道网与香港郊野公园体系尽管有着诸多的相似性，但也呈现出各自不同的特点，主要体现在基本概念、管理模式、制度建设和功能开发等四个方面。

2.1 基本概念比较

绿道是指以绿化为特征，沿着滨水地带、山脊、林带、风景道等自然和人工廊道建立的，可供行人或者非机动车进入的线形绿色开敞空间和运动休闲慢行系统。广东省绿道网是由省立绿道、城市绿道构成的网络状绿色开敞空间系统，包括都市型绿道、郊野型绿道和生态型绿道三种类型（表1）。

郊野公园是指城市郊区，以自然风光为主要内容的公园，具体指具备保护和改善生态环境、美化城市、游览观赏、休憩娱乐、远足郊游、运动健身、科普教育和防灾避险等功能的规划用地，包括自然的山体、丛林、沟谷、水体和海岸、浅滩等，以及特殊的地形地貌。

因此，从形状上看，绿道网结构强调用慢行道系统串联各类节点，在具有绿化用地之处或是重要的节点处（如森林公园、湿地、古村落等）划定出一定范围的绿化缓冲区，并在慢行道周边划定出一定范围的绿道控制区。在此种结构中绿化缓冲区没有在慢行道周边形成统一连续的整体，没有在节点或是栖息地之间建立起自然的连接廊道，此种连接生态完整性不足。[3]而香港郊野公园体系则是散布于香港的环状生态功能保护区，面积最大的大榄郊野公园面积达到5370hm^2，最小的龙虎山郊野公园面积也有47hm^2，按照景观生态学原理及岛屿生物地理学理论，这种环状的保护效果要比带状的保护效果好。

2.2 管理模式比较

珠三角绿道的管理维护以各地级以上市人民政府为责任主体，实

图2 郊野公园为香港保留了优良的生态环境

行属地管理模式。全省则由广东省住房和城乡建设厅牵头。由于地方机构改革的差异，管理机构也各不相同，如广州市林业和园林局、深圳市人居环境委员会、中山市城乡规划局等。但建成之后一般委托给临时机构和治安、保洁人员进行日常维护，"重建设，轻管理"的情况较严重。

相比之下，香港郊野公园的管理则很到位。香港郊野公园由香港渔农自然护理署郊野公园及海岸公园管理局管理，渔农自然护理署署长同时兼任郊野公园及海岸公园管理局总监，负责管理郊野公园和特别地区的一切有关事务。香港政府在财政上全面支持郊野公园建设，支付每年约2.5亿元的管理开支。管理局下设管理科和护理科两个机构。管理科的主要职责是策划郊野公园各项建设计划，管理建设及维修郊野公园内的各项设施、树苗培育及植林，统筹及指挥扑灭山火，审批郊野公园内所有建设申请；护理科的主要职责是为游客提供信息及服务，推广自然护理保育的知识，执行郊野公园有关法例。管理部门还在郊野公园的一些适当位置设置郊野公园管理站，负责提供建造、保养和保护郊野公园的服务。这种管理模式的最大特点是：在直接管理层中易于做到分工专业化；在项目日常维护工作和投资上便于统筹安排，避免了郊野公园之间各自为政，发展不平衡的弊病；减少了决策层次，使政令畅通。这些护理员归编香港公务员，着统一制服，主动为游人提供服务。"郊野公园及海岸公园委员会"为郊野公园及海岸公园管理局总监的咨询团体。整齐划一的管理体制为香港郊野公园的建设提供了科学的建设标准和坚实的人员保障。

2.3 制度建设比较

《广东省绿道建设管理规定》[4]于2013年10月1日正式实施，规定共分为8章36条，对绿道规划、建设、管理、开发利用、监督检查和法律责任等几个方面进行了说明。其他各市也根据实际情况出台了本地的绿道管理办法。但由于权威性不强，涉及部门众多，在实际操作过程中，这些规定（办法）缺乏有效的约束力和执行力。

香港政府于1976年制定的《郊野公园条例》，共分8部28条。在高强度的城市发展和旺盛的土地需求情况下，香港郊野仍然保持青山隐隐，绿意盎然（图2），很大程度

图3 郊野公园里整齐有序的烧烤场地

上得益于郊野公园条例的制定和社会法制的完善。大型发展项目对土地的占用往往被郊野公园的边界所阻止,那些被批准的项目也受到法律严格的检查和督导,公园在施工中受到损坏的地方都要进行全面的修复。[5]

香港还对郊野公园实行许可证管理制度,对一些赢利活动、建设活动等按标准进行收费,其他在园内的活动(如使用烧烤设施及露营地(图3)、康乐设施等)均免费。

但若在公园内抛弃垃圾,未经许可驾驶车辆,在非露营地点生活或露营,进行商业活动,破坏植被或者携带捕猎设备,均会受到有关部门检控。仅在2006年,香港郊野公园就检控了1128人,罚款总额达到1222980港元。

2.4 功能开发比较

《广东省绿道网建设总体规划》提出,在充分发挥绿道生态环保功能的基础上,深入挖掘各类资源特色,以主题游径和特色节点为载体,进行绿道功能综合开发,依托风景道系统打造精品旅游线路,同时以打造特色化的绿道品牌为目标,带动相关产业发展,促进地方经济发展,实现绿道综合效益最大化[6]。据《珠三角绿道网规划纲要》估算,珠三角绿道网可直接服务人口约2565万人,增加约30万人就业机会,

图4 用塑胶地板铺成的绿道

带动社会消费约450亿元。[7]

香港设立郊野公园的目的主要是为了保护生态环境和为市民提供休憩游乐空间，几乎不考虑经济效益，因此郊野公园内不会出现经营性行为。

3 香港郊野公园体系对内地绿道网建设的启示

香港郊野公园丰富的管理经验对于目前摸索中的国内绿道网建设有着很好的借鉴作用。

3.1 "生态至上"的理念

绿道之意义不仅在"道"，更在于"绿"。相对于内地建设的塑胶、地板砖路面绿道（图4）和精致的绿道休闲设施，香港郊野公园却很难见到人工设施的痕迹，对生态最大限度的保护得到了充分体现。这里的登山径以原始的路面状态为主，仅在低山地带公交车可抵达部分设双向机动车道，道路的建设以不破坏自然景观为原则，就地取材，尽可能减少人工构筑设施。郊野公园里最主要的建筑为游客中心和休息亭，有的游客中心内兼顾展览、科教的功能，大多采用与环境相协调的石材、木材、混凝土等，层数一般不超过3层，建筑外观自然、朴实，有浓郁的山野气息。建筑内装饰也以游览观赏功能为主，装饰风格实用简洁。

3.2 完善的路径体系

香港所有的郊野公园均有公共交通工具到达登山口。郊野公园内设有各种不同类型、长度和难度的郊游路径，满足不同类型游客的需求，如树木研习径（图5）、郊游径、

表2 香港郊野公园主要登山路径

路径名称	长度(km)	路径名称	长度(km)
麦理浩径	100	凤凰径	70
卫奕信径	78	港岛径	50

表3 麦理浩径各段详细情况[8]

段号	路线	长度(km)	耗时(h)	难度
1	北潭涌至浪茄	10.6	3	★
2	浪茄至北潭凹	13.5	5	★★
3	北潭凹至水浪窝	10.2	4	★★★
4	水浪窝至大老山	12.7	5	★★★
5	大老山至大埔道	10.6	3	★★
6	大埔道至城门	4.6	1.5	★
7	城门至铅矿坳	6.2	2.5	★★
8	铅矿坳至荃锦公路	9.7	4	★★
9	荃锦公路至田夫仔	6.3	2.5	★
10	田夫仔至屯门	15.6	5	★
总计		100	35.5	

注：★ 易行山径　★★ 难行山径　★★★ 极费力难行山径

缓跑径、健身径、均衡定向径、轮椅径、远足研习径、家乐径和自然教育径等，其中以麦理浩径和卫奕信径最为著名，也最能代表香港郊野公园的特色（表2）。麦理浩径从香港东部的西贡北潭涌开始，一直到西部屯门的大榄郊野公园，整个路径分为10段，每段长度5~16km不等（表3）。

反观内地的一些绿道，步行道

图5 清水湾郊野公园树木研习径

与自行车道往往两道合一，安全隐患较大。另外，设计绿道时一道走到底，没有充分结合沿途区域的特色设计不同类型的网状路径体系，吸引力大打折扣。

3.3 人性化的标识系统

香港的郊野公园有完善的双语标识系统，造型简洁，材质生态环保。沿游览线设置方向指引牌，每个指引牌上除了标明前方目的地的名称外，还注明了距离和所需的时间。以全长100km的麦理浩径为例，沿途每500m设有一个标距柱，全程共200个标志柱。这样做可让每位游客心中有数，即使游客被困时也可明白指出所在地点。

香港还在郊野公园和偏远地点推行资讯牌试验计划，以便警方及其他救援部门确定需要紧急服务的游客的位置。资讯牌以中、英文印有附近警署的电话号码及个别资讯牌的坐标编号。求助人士只需说出在他们附近的资讯牌上的编号，控制中心便能确定其位置，迅速提供援助。

3.4 便捷的信息服务

香港24处郊野公园的详细咨询信息都可以通过政府网站查询。通过完善的网络信息，向游人提供交通、安全、预订、介绍等服务，通过游人的这些自助行为，大大简便了管理。[9]除了介绍公园特色和近期活动外，网站还实时发布因为临时施工而封闭的郊野路段。游客登入网站还可查询到各郊野公园、行山径的移动电话接收情况。在山区范围较大的区域建设有移动通信设施站，方便对游人进行救护。此外，郊野公园内还设置了报警应急求救系统（图6），以备不时之需。

国内目前很多城市都修建了绿道，但网络、宣传资料等信息服务尚有差距。时常出现游客被困却讲不清具体位置的情况，导致浪费了巨大的公共资源用在搜救方位的确定上。

3.5 广泛的公众参与

教育是保护郊野资源最有效的方法。香港郊野公园及海岸公园管理局长期推行郊区活动计划，如清理废物、修筑小径、栽植树林、建造隔火带、割草及康乐调查等。通过举办"清洁郊游径"活动，号召市民尽量减少制造垃圾，并养成将携来的垃圾从郊野带走的良好习惯。公众参与的自然护理及教育活动，包括有"企业植林计划"、"郊野公园义工计划"等。2012年，参与这些自然护理及教育活动超过31万人次，植树数量达到72万株。[10]

为了提高服务质量，管理局每年都开展郊野公园游客意见调查和游客小组会议，让市民直接参与及反映对郊野公园管理的意见。另外，郊野公园护理员也会主动走访郊野公园范围内的乡村，宣传保护郊区生态及防止山火等内容。

内地绿道网拥有良好的资源条件，也应承担起生态教育大课堂的责任，通过展示原生自然场景，设置教育信息讲解牌，建设以科普教育为主题的场馆和游径，周期性举办环保教育、生物考察、动植物鉴赏、生态观光、地质科考等活动。并不断拓宽公众参与渠道，建立多部门联合、全社会参与的绿道管理维护机制。

4 结语

综合珠三角绿道网与香港郊野公园体系的建设经验，并结合当前社会经济的发展形势，目前国内绿道建设要围绕几个关键问题来进行。

4.1 制定全国性的绿道建设标准

目前国内绿道建设管理中存在的诸多问题主要源于没有权威的标准，以至于各省市都忙于制定自己的绿道标准。当前，我国绿道建设的技术体系和管理经验已经相对成

图6 郊野公园里的报警电话及香港警察咨讯牌

熟，建议由国家住房和城乡建设部尽快研究和制定国家绿道建设规划，规范绿道及相关配套设施建设标准和要求；加快相关法规、制度建设，保障绿道环保、安全；积极探讨尝试绿道的科学建设、维护和管理模式。当然，全国性的绿道建设标准并不排斥各地在建设过程中因地制宜，实践创新，体现自身的资源亮点和文化特色。

4.2 建设全国性的绿道网络体系

"绿道"能否连接成网，直接影响着绿道的使用效率及其综合效益。[11] 20世纪80年代，美国利用计算机和3S技术对大尺度和多尺度上的景观定量化，在景观生态学"斑块—廊道—基底"模式的指导下，进行较大尺度的绿道系统规划。绿道由公园道、蓝道、铺装道、商业道、生态道、自行车道、乡村道、空中道构成绿道网络系统，从多层次对美国的绿道进行连通性规划建设，并最终形成全美综合绿道网络。绿道网完全建成后将近2.2万km绿道及5亿hm²绿地保护。[12] 其中东海岸绿道全长约4500km，是全美首条集休闲娱乐、户外活动和文化遗产旅游于一体的绿道。该绿道总造价约3亿美元，为超过3800万居民带来巨大的社会、经济和生态效益。

我国也需要对远期的绿道网络系统作一个战略性部署。根据我国的自然生态环境和条件，从自然资源保护、休憩娱乐与历史文化三个方面考虑，确定绿道网络在国土层次上的总体框架。[13] 如可以借鉴国道的方式，在全国设立南北向、东西向和以区域中心城市为核心的绿道主干线，形成"国家绿道—区域绿道—地方绿道"的网络体系。并以国家绿道网为基础，编织一张范围更广的全国性生态保护网络和郊野旅游网络。

4.3 完善绿道配套服务设施系统

绿道网络一般由绿廊系统、慢行系统、交通衔接系统、服务设施系统、标识系统五大系统构成。要使绿道的功能得以较好的发挥，必须坚持"以人为本"，方便使用，完善如停车场、交通接驳、通信设施、游览设施、自行车租赁、信息咨询、治安管理、科普教育、文化展示、体育休闲、安全救助、森林防火和环境卫生等配套服务设施。

4.4 将绿道建设成为新型城镇化的一道亮丽风景

新型城镇化是目前我国深化改革的重点，归根结底是以人为核心的城镇化。绿道建设与新型城镇化的在内涵上有诸多共同点。绿道融合了多种功能，将绿色作为重要符号，使用自然生态系统以连接绿色开放空间、休闲慢行系统和相关基础设施服务，形成独特的区域经营模式，推动城市地区与农村地区的产业和空间互动，提升了居民的幸福指数，带领着区域走向宜业亦宜居宜游的可持续发展道路。绿道网建设对于优化城镇化布局和形态、提高城市可持续发展能力，推动城乡发展一体化等方面具有积极的推动作用。

参考文献

[1] 李明. 珠三角人均GDP超万美元[N]. 深圳特区报, 2013-05-10 (A10).

[2] 杨家明. 郊野三十年[M]. 香港: 天地图书有限公司, 2007:8.

[3] 秦小萍, 魏民. 中国绿道与美国Greenway的比较研究[J]. 中国园林, 2013 (4): 119-124.

[4] 广东省人民政府. 广东省绿道建设管理规定 (粤府令第191号) [Z].2013年8月8日.

[5] 陈晓钟. 开发地产不许破坏环境——政府立法保护生态平衡, 香港生态公园吸引蝴蝶[N]. 环球时报, 2003-10-10 (19).

[6] 广东省住房和城乡建设厅. 广东省绿道网建设总体规划（文本）(2011-2015年) [Z]. 2011.

[7] 广东省住房和城乡建设厅. 珠三角绿道网规划纲要[Z]. 2011.

[8] 麦里浩径[EB/OL]. 2001-10-12[2013-12-24]. http://www.oasistrek.com/mac_trail.php.

[9] 江海燕, 李敏. 自然游憩地规划建设理论初步研究[J]. 广东林业科技, 2007, 23 (1): 104-106.

[10] 郊野公园统计数字[EB/OL]. 2013-10-17[2013-12-29]. http://sc.afcd.gov.hk/gb/www.afcd.gov.hk/tc_chi/country/cou_lea/cou_lea_use/cou_lea_use.html.

[11] 胡卫华. 绿道旅游存在的问题及开发对策——以珠三角绿道网为例[J]. 热带地理, 2013, 33 (4): 504-510.

[12] 庄荣, 陈冬娜. 他山之石——国外先进绿道规划研究对珠江三角洲区域绿道网规划的启示[J]. 中国园林, 2012 (6): 25-28.

[13] 刘滨谊, 余畅. 美国绿道网络规划的发展与启示[J]. 中国园林, 2001 (6): 77-81.

风景道空间结构与路侧要素
Spatial Structure of Scenic Byways and Roadside Elements

文 / 余 青　韩 淼

【摘 要】

风景道是一种特殊类型的景观道路，也是一种重要的线形游憩空间和旅游目的地。本文对风景道空间结构与特征、风景道路侧要素与功能进行了较为深入的研究。由于风景道路侧是交通设施、旅游服务设施和旅游吸引物的重要分布区，也是风景道品质的重要展示区，对其研究具有重要理论意义和实践价值。

【关键词】

风景道；风景道空间结构；风景道路侧要素

【作者简介】

余　青　北京交通大学风景道与旅游规划研究所教授、博士生导师
韩　淼　北京交通大学风景道与旅游规划研究所博士研究生

图1 美国加州一号公路风景道　　　　　　　　　　　　　　　　　　　　　　　　　　　　　　　　　　　　　　　文彤／摄

风景道（Scenic Byway）是指道路视域及廊道范围内拥有审美风景、自然、文化、历史、游憩价值、考古学上内在品质，以及值得保存、修复、保护和增进的具有游憩价值的景观道路。它实现了道路从单一的交通功能向交通、生态、游憩和保护等复合功能的转变，也是一种重要的线形游憩空间。风景道是欧美国家近20年兴起的对道路生态、资源与品质保护和建设的体系，是其百余年来注重生态环境及自然文化遗产保护与管理的延续和发展，反映了工程技术与生态环境、历史文化、景观游憩的有机结合，也是生态文明的一种发展，契合了资源节约型、环境友好型社会发展的趋势。[1]

风景道在欧美地区获得了蓬勃发展，尤其是在作为风景道发源地、研发地和实践地的美国获得了可持续发展。美国已建立了由国家级风景道（包括泛美风景道和国家风景道两大类）、州级风景道和地方级风景道构成的美国国家风景道体系（NSB）。NSB建立的目的就是为了"致力于取得经济发展和资源保护的平衡；在联邦政府投资下，帮助美国公路景色、历史、文化、休闲娱乐和自然资源的确认和保护，维护和提升杰出的道路景观并促进这些道路与众不同；保护道路廊道区域的自然和人文资源价值，增加公众对具有良好品质的道路的认知度；提升旅游者体验，促进旅游业发展，创造经济效益，实现社会、经济和环境的协调发展"。在国家级风景道中，一条泛美风景道本身就是旅游目的地，因为它能够提供极为优秀的旅行体验，使得旅游者能够将驾驶本身作为旅行的主要原因。[2]

与传统线形空间规划以城市道路等为载体，范围有限，集中在建设红线以内相比，风景道范围扩大，以道路为轴线，辐射道路沿线周边区域，形成了道路廊道，形成了线形游憩空间，以及旅游经济产业带和线形旅游目的地。通过风景道规划能够统筹道路交通规划、城乡规划、景观规划、旅游规划，是一种有利于实现区域一体化并有利于资源整合的廊道规划，从而创新了传统旅游规划模式。

目前国内学界，风景道研究还

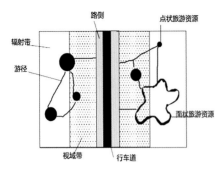

图2 风景道游憩空间结构图

相对薄弱,对风景道空间结构和路侧要素的探索几乎为空白,因此,对风景道空间结构、构成、功能,以及路侧要素等进行研究,具有重要理论意义和实践价值。

1 风景道空间结构与特征

风景道从空间范围来说,并不仅仅指道路本身,还包括了这条道路所经过的廊道区域。风景道廊道距离随着道路内在品质的不同而改变。目前,对风景道廊道范围尚无一个明确的界定。有学者通过对阿拉斯加州风景道廊道范围研究,从游客感知的角度试图确定风景道廊道的范围,认为风景道廊道范围为5km,超出5km范围的旅游吸引物虽然也对游客有吸引力,但对于风景道内在品质的贡献意义不大。[3]

风景道是一类以道路为载体的线形游憩空间和旅游目的地,与点、面状旅游目的地在吸引物分布、旅游区域、路径等要素方面存在较大的差异,其空间结构具有独特规律。风景道空间结构各部分自有着不同的要素、功能和特征,因此,在风景道规划设计方面也就各有侧重和差异。

1.1 风景道空间结构

风景道是道路的一种特殊类型,但又与一般道路有差异。从学科角度来看,道路概念有狭义和广义之分。从交通工程传统学科意义上看,道路仅仅是供人和货物运输使用而设计建造的物质基础设施。而从交通工程、景观设计和旅游游憩交叉学科领域这一宽泛视角下看,道路其实包含了两层含义,一是所有基于路面的旅行线路(适合于有机动车行驶的道路设施),二是从景观、游憩角度出发的一种特殊类型的景观游憩资源。风景道就是从这一宽泛视角下看待的道路,因此,风景道空间构成要素要比一般的道路空间构成要素包含更多的内容。一般的道路空间构成要素通常包括道路本体(车行道或行车道)和路侧两部分,而风景道空间构成要素则是包含了道路本体(车行道或行车道)、路侧、视域带和辐射带四部分(图1)。

1.1.1 道路本体(车行道或行车道)

是供各种车辆在同一路面宽度类混合行驶的路幅。道路本体(车行道或行车道)的构成要素包括了行车道、路面、线形、下层土面、路拱、道石、边沟、路肩、构筑物几个部分。道路本体(车行道或行车道)是风景道空间结构的核心部分,是以交通和安全功能为主,辅以景观、审美和游憩功能,是自驾车游、自行车游和徒步旅游等产品的主要载体。

1.1.2 路侧

一般道路路侧,是指路权(道路红线)边界内,行车道以外的部分。是道路附属设施的主要分布区,是公路设计、交通安全以及维护的重要组成部分。路侧由紧邻道路的元素和构筑物组成,包括:路权、净区、洼地、护栏、照明、标识、人行道、游径、林带、行道树、市政设施、服务区域、边道和观景台等等。路侧具有交通安全功能、环境保护功能、视觉美化功能和辅助功能等四种功能类型。实际上,这四种功能是相互作用,密不可分的,每一种功能的发挥都受制于其他三种功能,并对其他三种功能的作用产生影响。合理的路侧设计和维护能够完善车

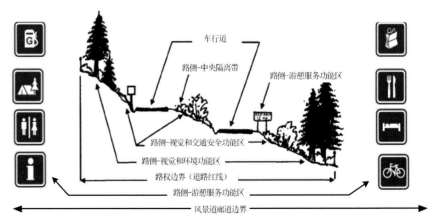

图3 风景道路侧与视域带空间划分与功能分区

行道功能，减少交通安全事故，使道路设施与周围环境景观融为一体，同时，还能对路上行驶的旅客产生积极的心理作用。

而风景道路侧空间范围已大大超出了路权的范围，是指路权以外，但具有重要历史文化或景观价值或游憩价值的场地空间和建筑物。风景道路侧范围也随着道路内在品质的不同而变化。为此，风景道路侧相对于一般道路路侧有着更丰富的内涵和功能（图3）。除继承和强化一般道路路侧的交通安全功能、环境保护功能、视觉美化功能和辅助功能等四种功能外，还增加游憩功能和旅游服务功能。由于功能的多元化和复合性，使得风景道路侧作用也大为丰富，除具备一般道路路侧的道路安全、环境影响和改善旅客心理的作用外，还具有了维护和提升风景道内在品质，以及为游客提供游憩活动场地和游憩服务设施的作用。[4]

1.1.3 视域带

则是包括了风景道两侧可视范围（视域）以及具有景观和文化意义的背景环境。通常是旅行者与道路联系最为密切的部分，构成元素包括：路旁建筑、景观、地域特征、街景、文化景观、视域（前景、中景和背景）等等。视域一般是指从空间的特定角度看到的景观，包含了从这一点可以看到的所有内容。视域可能非常广阔，如从一条位于山脊的路上俯视一片峡谷，或者从草原、湖泊向地平线伸展的景观。视域也可能非常狭窄，如从在密林区域穿行时，视线则被局限于林荫道路本身。一条道路的视域，一般考

图4　武夷山风景道　　　　　　　　　王琪/摄

虑的是从道路左边或右边的景观，包括了前景、中景和背景。前景是指周围环境中与道路最为接近部分，能够很清晰地辨明的景观。中景是指较近距离内能看出大体特征的单个元素景观，如树木、道路或建筑。背景指远距离只有基本形状能够辨识的景观，这些景观的颜色开始逐渐呈现不鲜明的灰色调。不是所有的视域都同时拥有前景、中景和后景。

风景道路侧与视域带相互联系，相互包含，交叉与叠加，密不可分。这两个区域是风景道景观，自然和人文吸引物的主要展示域，也是风景道主题彰显区，对自然和人文景观品质的提升和维护具有重要意义。此外，还是旅游游憩活动和旅游服务设施集中分布区域，如观景平台、停车场、旅游服务设施、路边的汽

表 1 风景道空间结构

	车行道	路侧	视域带	辐射廊道
含义	风景道道路主体部分	路权以外,但具有重要历史文化或景观价值或游憩价值的场地空间和建筑物	风景道路侧的视域范围	风景道路侧与视域带以外的辐射廊道区域
要素	行车道、路面、线形、下层土面、路拱、道石、边沟、路肩、构筑物	路权、净区、注地、护栏、照明标识人行道游径、林带、行道树、市政设施、服务区域、边道和观景台、服务游憩设施	路旁建筑、景观、地域特征、街景、文化景观、视域(前景、中景和背景)	自然和人文资源、旅游景区景点、旅游游憩服务设施
功能	交通和安全功能为主,辅以景观与审美功能,游憩功能	交通安全功能、环境保护功能、视觉美化功能、辅助功能和游憩服务功能	景观与审美功能,游憩服务功能	景观与审美功能,游憩服务功能
特征	选线及横纵线形,在符合交通安全要求前提下,体现景观与审美特征;自驾车、自行车、徒步游为主导的风景道产品集中体现区域	兼具安全、景观、审美、游憩等多种功能的复合区域;对功能和形式都有较高要求	风景道自然和人文景观主要展示域;风景道内在品质的重要体现区;部分游憩服务设施的分布区	风景道自然和人文景观主要展示域;风景道内在品质体现区;旅游景区景点、旅游游憩活动和服务设施分布区;风景道旅游目的地和旅游经济带的重要组成部分

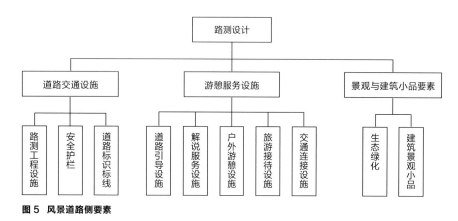

图 5 风景道路侧要素

车旅馆等,对功能和形式都有着较高的要求,是风景道规划设计的核心区与关键所在。

1.1.4 辐射带

是指风景道路侧及视域带以外的辐射廊道区域。该区域以风景道为轴线,辐射到周边的旅游景区景点,并通过游径系统或其他通道与风景道相连接。辐射廊道中的元素包括:自然和人文景观、地域特征、旅游景区景点、旅游游憩服务设施。该区域是风景道内在品质体现的重要载体区,是旅游景区景点、旅游游憩活动和服务设施的分布区,也是风景道形成旅游经济带和旅游目的地的重要组成部分。其功能主要为景观和审美功能,游憩服务功能两大类。

风景道空间结构各部分自有着不同的要素、功能和特征(表1),因此,在风景道规划设计方面也就各有侧重与差异。

1.2 风景道空间结构特征

风景道空间结构具有连续性、外推性、开放性和整合性等特征,这些特征使风景道的空间结构呈现出轴—点—网的状态,从而使风景道从单一的道路发展成为以道路为增长轴线的旅游经济产业带和线型旅游目的地。

1.2.1 线形空间的连续性

从纵向来看,"线"的几何特征具有连续性。风景道的轴—点—网络结构使得风景道目的地系统具有空间上的连续性。

1.2.2 线形空间的外推性

风景道以车行道为主轴,由内向外依次为路侧与视域带,辐射廊道。丰富的空间层次使交通、安全、景观、审美、游憩、服务等各种功能,在风景道不同部分各具特征和差异。

1.2.3 空间系统的开放性

风景道线型游憩空间上是一个相对开放的系统,其辐射廊道界定具有一定的开放性和弹性。

1.2.4 空间系统的整合性

风景道以保护和提升道路内在品质为核心,通过整合道路廊道区域的资源和元素,实现空间和资源的多维度整合。

总之,与点、面状旅游目的地相比,风景道是将通道和线路等"路径"要素变为旅游吸引物,使原旅游目的地点—线—面串联结构转变为轴—点—网结构,并在形态、吸引物(产品)分布、服务接待区域及路径几大要素上与点、面状旅游目的地存在较大的差异。

2 风景道路侧要素

风景道路侧要素一般包括道路交通设施、游憩服务设施,以及景观与建筑要素等三个方面。道路路

图6 长白山风景道　　　　　　　　　　　　　　　　　徐晓东 / 摄

侧交通设施主要体现在路肩、边缘石、挡土墙等路侧工程，以及护栏、道路标识标线等安全设施方面；游憩服务设施包括道路引导设施、解说设施、户外游憩设施、旅游服务设施、交通连接设施等五个方面；景观与建筑要素则主要涉及廊道景观与建筑小品等（图5）。

3 结论与讨论

风景道是一种特殊类型的景观道路，也是一种通过线形空间将点、面状的景区景点连接成网状旅游目的地的非常有效的手段和途径，对于面状、线状产品是一种最经济、最直观、最深刻的体验方式。风景道改变了传统的围墙内的风景区开发模式，是一种很好的线形旅游开发模式，是对点、面状旅游开发模式地补充和完善。

风景道空间结构具有独特规律。风景道空间构成要素包含了道路本体（车行道或行车道）、路侧、视域带和辐射带四部分，各部分有着不同的要素、功能和特征。而风景道路侧是交通设施、旅游服务设施，以及旅游吸引物的主要分布区，也是道路品质的重要展示区，风景道路侧要素包括路侧交通设施、游憩服务设施，以及景观与建筑小品要素等三个方面。

基金项目

本文为国家自然科学基金项目"综合交通运输系统中风景道评估体系及模式"（40971288）部分研究成果。

参考文献

[1] 余青，莫雯静.风景道是生态文明的发展趋势[J].综合交通 ,2011,32(1):74-78.
[2] U.S. Department of Transportation. Intermodal Surface Transportation Efficiency Act of 1991(ISTEA): U.S.[S].1991.
[3] Gregory Brown.A Method for Assessing Highway Qualities to Integrate Values in Highway Planning [J].Journal of Transport Geography, 2003(11):271-283.
[4] American Association of State Highway and Transportation Officials. Roadside Design Guide [M].Washington, DC.1996.
[5] Washington State Department of Transportation. Roadside Classification Plan[EB/OL]. http://www.wsdot.wa.gov/Publications/Manuals/M25-31.htm
[6] USDA. Scenic Byway-A design guide for road improvements [EB/OL]. http://www.Bywaysonline . org/forums/viewtopic.do?post=317
[7] 张新天等.道路工程 [M].北京：中国水利水电出版社，2001.
[8] 关昌余.美国公路设计的灵活性[J].中国公路，2004, 20：125—128
[9] 吴必虎，俞曦.旅游规划原理[M].北京：中国旅游出版社，2010.
[10] 吴承照.现代城市游憩规划设计理论与方法[M].青岛：青岛出版社，1998.
[11] 张京祥，芮富宏等.国外区域规划的编制与实施管理[J].国外城市规划，2002（2）：30-33.
[12] National Scenic Byway Advisory Committee. Scenic Byway Advisory Committee Report :U.S. [R].1993.

藏区高原风景道旅游景观规划刍议
——以国道213甘南藏族自治州段为例

Tourism landscape Planning of Scenic Byways in the Tibet Plateau: A Case Study of State Highway 213 in Gannan Tibetan Autonomous Prefecture

文 / 李 巍 刘 润 李东泽

【摘 要】

景观规划是风景道建设重要内容之一,但目前对其研究多从道路工程学和景观生态学角度入手,对旅游功能要素考虑较少,且对大尺度民族生态环境脆弱区道路景观规划缺少有效的方法。风景道旅游景观规划本质上属于线形景观规划,具有其自身的特殊性。基于此认识,以国道213甘南藏族自治州段为例,通过对景观特质和旅游节奏的分析,划定出4大景观区域与5类景观节点,并通过详细分析两者之间的关系,提出符合生态脆弱区风景道景观规划的一般方法,希望从战略上为甘南藏族自治州风景道景观规划提供参考借鉴。

【关键词】

风景道;景观规划;景观区域;景观节点;甘南藏族自治州

【作者简介】

李 巍   西北师范大学 城市规划与旅游景观设计研究院
刘 润   兰州大学 资源环境学院
李东泽   长安大学 建筑学院

1 引言

风景道是旅游与交通功能相结合的具有交通价值、景观价值、游憩价值、历史价值、文化价值、自然价值、文物价值等多重功能的特殊景观道路。[1] 近年来风景道在国内外的发展实践表明其在保护生态环境、促进道路建设、满足审美游憩需求和拉动社区经济等方面成效显著，是一种值得借鉴的新型旅游发展模式，尤其对大尺度区域内资源整合开发具有显著意义。目前国外对风景道的规划研究较为成熟，总体上形成了以满足居民休憩生活的需求[2、3]和景观生态保护[4、5]为根本出发点，尊重现有文化景观和景观生态[6]，从国家到地方的多层级覆盖体系[7-9]的整体格局。国内学者吴必虎、余青等人分别就黑龙江伊春小兴安岭风景道[10]、鄂尔多斯风景道[11]进行了案例实证研究。景观规划是风景道建设重要内容之一，近年来，随着交通运输的不断发展及居民游憩需求的增长，尤其随着2013年10月1日《旅游法》的实施，自驾旅游迅速发展，这对于道路及其周边的景观环境提出了更高的要求。但风景道的景观规划仍偏向从道路工程和景观生态角度出发，对旅游功能要素考虑较少，对大尺度民族生态环境脆弱区的道路所应承担的社会发展职责较少。在此背景下，本文尝试以国道213甘南藏族自治州（以下简称甘南州）段为例，注入风景道理念，探讨适宜西部藏区特殊地域环境背景下道路旅游景观规划的方法，解决旅游开发、道路建设与环境保护之间的关系。

2 研究对象与方法

2.1 研究对象

甘南州是全国十大藏区之一，位于青藏高原东北边缘，地处甘青川三省交界，是国家重要的高原生态安全屏障，境内自然景观资源丰富多样，宗教民俗及历史文化资源神圣悠久。在国家主体功能区划中，甘南具有重要的生态战略地位，也是我国高原生态文明的重要组成部分。国道213甘南段全长238km，南北贯穿全州，其北接兰州都市圈，南连大九寨国家旅游区，是甘肃经典旅游线路——回藏风情线的重要组成部分，沿线地域景观类型多样（表1、图1），旅游资源集聚程度较高，有藏区知名

图1 国道213甘南州段沿线部分旅游资源示意

表1 国道213甘南段沿线景观分布

景观类型	代表地区	景观风貌感知
宗教寺院	米拉日巴佛阁、郎木寺	凸显藏传佛教文化气息，古朴、虔诚
草原牧场	当周草原、贡巴草场	自然景观与人文底蕴统一，开阔、健康
文化遗址	土门关、麻当古城	历史文化氛围浓郁，悠久、残存、沧桑
溪流峡谷	大夏河、洮河、白龙江	高山峡谷川流不息，生态、动感、生机
村庄聚落	郎木村	特色藏族民俗聚落，原生古朴、原野和谐

的米拉日巴佛阁、尕海—则岔自然保护区、郎木寺等旅游景区（点）。国道213既是甘南旅游的经典路线，也是甘南旅游发展与对外联系的主要轴线，但其所承载的通道功能并未与其潜在的旅游功能较好地融合，在一定程度上限制着甘南旅游形象。近年来，九寨旅游线路和西部民族旅游线路逐渐升温，以自驾为主的自助旅游方式成为新宠；同时，甘南也积极抓住国家支持藏区社会经济发展的重要机遇，不断改善境内交通状况，这些都共同促使国道213甘南段逐渐由交通通道的单一功能向以通道为主，生活服务、观赏和游憩等多重功能并存局面转变，逐渐成为连接西南、西北两大旅游区的重要纽带。因此选取国道213甘南段，从风景道角度，结合地域特征对其进行景观规划，研究交通建设与旅游发展之间关系，具有较强代表性与典型性。

2.2 研究方法

景观规划多以景观评价为手段，通过对景观环境和景观特质详细评估确定规划方法（图2）。如国外学者Clay对美国13个州在风景道景观评价中选择的评价因子进行了总结，最后得出4个最主要的因子：自然性(naturalness)、生动性(vividness)、多样性(variety)和统一性(unity)，并且通过相关分析得出生动性对景观美感影响最大。[12] Shannon等人通过专家组目视评测法对圣劳伦斯河进行了绿道规划[13]；Palmer通过景观度量预测了社区居民对的风景感知变化[14]；Meitner以美国大峡谷为例，比较分析了游客旅途中感知的多种评价方法。[15] 国内学者吴必虎等人在2000年利用"等距离专家组目视评测法"（EDVAET），通过建立由地形、视觉质量、视域、景观被及沿途典型景观照片构成的景观数据库，对小兴安岭风景道进行了规划设计[10]；陈跃中2004年提出大景观规划方法，并具体阐述了其规划工作流程[16]；俞孔坚阐述了基于景观敏感度与阈值评估原理与方法下的景观保护规划[17]，此外邱德华针对城市景观概念设计提出了一般方法程序[18]，王荃以广东中山岐江公园为例提出了可持续动态的景观规划方法[19]等，但针对藏区高原大尺度空间同质景观区域下景观规划的研究方法尚少，尤其对于自然及人文环境相对复杂且生态较为脆弱的甘南州而言，此类景观规划方法并不能很好地适用。此外，以道路为载体的风景道本质上属于线形发展空间，因此对其进行景观规划更应注重景观效果对道路使用者心理的暗示、引导与刺激，避免产生审美疲劳。本文首先从国道213甘南段沿线的景观特质分析入手，划定景观区域，再从旅游节奏出发确定沿线景观节点，通过景观节点与景观区域的位置（点在区中、区际间）、属性（同质、异质）相互关系分析，最终提出符合藏区风景道景观规划的特殊方法。

3 风景道景观规划必要性、可行性与特殊性

3.1 风景道景观规划必要性

甘南州地域空间尺度较大，道路沿线景观资源同质性较强，致使旅游发展过程中存在地域空间联系较为松散，资源开发相对同质，旅游管理不便等。风景道作为具有交通、游憩、景观、文化和生态保护等复合功能、价值的线形综合体，将风景道景观规划纳入风景道建设中，可实现交

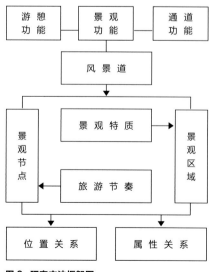

图2 研究方法框架图

图3 甘肃甘南州夏河县　　　　　　　　　　　　　　　　　　　　　　　　　　　　　　　　　　　　　　吴必虎／摄

通、旅游、生态、文化等功能的有机整合，推动旅游开发由点向面延伸，旅游管理由点向面覆盖，生态环境保护由点向面扩展，可解决国道213沿线同质景观带来的审美视觉疲劳及旅游发展与生态环境保护的矛盾。

再从旅游发展阶段来看，我国旅游发展已步入从观光旅游向休闲度假游升级转型的关键时期，游客旅游方式由组团旅游向自助旅游转变，休闲体验游和自助旅游对道路交通建设、沿线景观设计及服务设施构建、旅游节奏有了新的要求。风景道景观规划可顺应自助游发展趋势，通过丰富美化道路沿线景观、完善游憩服务基础设施建设，解决甘南大尺度景观同质性较强，休憩点、停靠站及解说系统等相应配套建设缺乏，游客在旅途中停留时间短且易产生审美疲劳，进而产生"过而不游"的现象。

3.2 风景道景观规划可行性

国道213贯通甘南州南北，沿线地形绵延起伏，草原峡谷、山川河流广布，宗教寺院、草原风光、古城遗址、森林峡谷、民俗节庆等自然及人文景观相间分布、错落有致，具有较高的旅游开发价值。2012年，由国家发改委、财政部、国家林业局联合下发的《关于同意内蒙古乌兰察布市等13个市和重庆巫山县等74个县开展生态文明示范工程试点的批复》中，甘南州被纳入西部地区生态文明示范工程试点。因此，以风景道为载体构建全州生态旅游体系成了甘南州生态文明示范工程的重要内容。新近实施的《旅游法》也在很大程度上提升了自驾游客对交通线路的需求，国道213不再仅仅承担通道功能，对其进行景观规划使之成为甘南州发展生态旅游的示范开发模式，具有重要的现实意义。

3.3 风景道景观规划特殊性

甘南州风景道景观规划的特殊性主要体现在：第一，西部民族地区自然生态环境极为脆弱，风景道景观规划如何在注重提升旅游环境氛围的同时增进对环境保护意义重大；第二，风景道景观不同于道路景观，也有别于一般园林景观，因此其景观规划不能局限于

表2 国道213甘南段沿线景观区域

景观区域	起讫点	景观特色	规划要点
山地峡谷景观区域	土门关—合作市	山高险峻,汉蕃交界	引导情感变化
高原民俗景观区域	合作市—玛艾镇	高原生态,民俗风情	还原民俗风情
丘陵湿地景观区域	玛艾镇—尕海乡	丘陵绵延,高原湿地	实现聚焦收缩
草原牧场景观区域	尕海乡—郎木寺	草原广阔,牛羊成群	营造精神自由

单一,以山地、草原为主,多面状分布;文化景观具有多样性、特殊性和典型性等特征,主要包括古城遗迹、牧场、聚落、寺院等,多"据点"分布。根据对国道213甘南段沿线景观特质分析,通过自然和文化因素的双重叠加可划定4类重要景观类型区域:山地峡谷景观区域、高原民俗景观区域、丘陵湿地景观区域、草原牧场景观区域(表2)。景观区域的划分为景观风貌改造与优化提供了潜在的规划主题内涵。

山地峡谷景观区域:首先应通过护坡及绿化工程,增强景观的安全性;其次,对道路沿线视域内景观元素进行详细调查,通过景观风貌改造以减少景观要素间的冲突;最后,适度建立集交通引导、资源解说、教育宣传等功能于一体的旅游景观解说标识系统。最为重要的是借助曲折离奇的山地峡谷地形,重点以景观的惊、奇、险、峻和突变,突现引导形成期望、惊喜、刺激等情感变化,在狭长的线路中缓解游客审美疲劳。

高原民俗景观区域:重点选取藏包、白塔、插箭台、煨桑台、藏民聚落(踏板房)等原生原味的人文景

单纯的道路建设及绿化工程或特色景观小品建设,而应促成沿线景观效果对道路使用者的心理牵引;第三,大尺度景观的同质性决定了甘南州风景道景观规划应结合藏区特殊地脉和文脉特征,通过区域景观优化整治,对风景道进行景观战略部署;第四,国道213甘南州段是大九寨旅游区的北部重要通道,具有边缘、过渡和缓冲等性质,因此对其进行景观规划必须同时实现其作为旅游交通通道的通畅性与便捷性和作为大九寨外溢游客旅游目的地的景观性与游憩性;第五,甘南州位于民族经济欠发达的西部藏区,传统宗教及民俗文化保存相对完整,风景道景观规划不能仅以美化环境为主导目标,更应充当线形空间发展综合体,承担起整合沿线旅游资源,构建区域生态平衡,促进社区有序发展等多种社会发展要求。

将其打造成集城镇观光、文化体验、度假娱乐、科普探险、康体健身于一体的旅游景观通道和旅游发展轴线,使之成为甘南州生态旅游示范区建设的示范性生态文化走廊和甘肃回藏风情旅游线和大九寨旅游环线的重要组成部分。宣传口号为:

乐途·全景甘南

穿越·九色香巴拉

4.2 景观区域规划

国道213甘南段自北向南依次经过夏河县、合作市和碌曲县,这三县市人口及面积分别占甘南全州的29.42%[①]和36.42%[②],是甘南州社会经济发展的重要区域和藏传佛教文化核心区域。其沿线地域景观空间尺度较大,景观分异程度较低,同质性较强,其中自然景观类型相对

4 风景道景观规划结构体系

4.1 总体定位

发挥其调节旅游节奏,改善旅游环境,优化旅游结构、锻造旅游品牌,提升旅游形象的重要作用,

表3 国道213甘南段沿线景观节点分布

节点类型	代表节点	景观规划措施
景观单调型	当周草原	挖掘草原所在地文化底蕴,通过藏式元素(煨桑台、风马旗、插箭台、帐房营地)点缀,设民俗服装、饮食、舞蹈展示平台
功能缺失型	尕海湿地	完善旅游服务功能(咨询服务中心、生态停车场、栈道、环卫设施等),旅游服务设施应与自然融合,就地取材
城镇服务型	合作市 玛艾镇	完善城镇市政工程建设,突出传统街巷空间和民居空间的民族特色,重点加强旅游服务设施及出入口标识系统建设
景观分异型	土门关	展示景观地理及文化分异,重视标识系统和形象窗口建设,适度增加与环境及文化内涵相符的游憩服务设施
资源影响型	郎木寺	注重民族及宗教传统元素的体现,完善解说系统与娱乐设施

当周草原入口景观设计

当周草原入口帐篷区设计

当周草原河曲马场入口设计

当周草原安多部落内部街景设计

当周草原安多部落入口设计

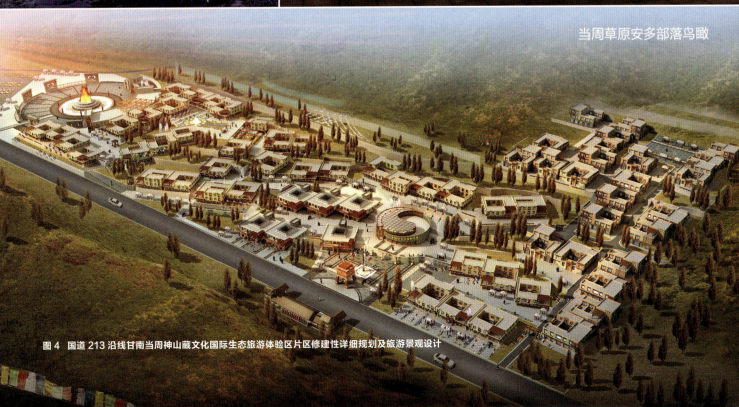
当周草原安多部落鸟瞰

图 4　国道 213 沿线甘南当周神山藏文化国际生态旅游体验区片区修建性详细规划及旅游景观设计

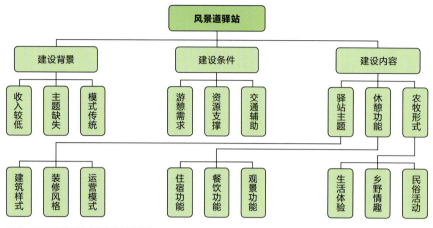

图5 风景道"驿站式"建设思路框架

图6 风景道解说标识系统规划示意图

观要素，全面向游客还原甘南丰富的民俗风情、神秘的宗教文化和悠久的历史文化，为游客在旅途中真实感受、体验藏区文化及生活搭建平台。

丘陵湿地景观区域：在注重生态环境保护的基础上，通过风景道驿站等具有聚焦、收缩视线的景观元素突破空间尺度边界感难以把握的困境，积极营造与较为开阔的丘陵湿地背景相异的景观元素，增强景观差异性和易识别性，功能性景观要素的配置必须同时满足游客旅游需求和高原生态环境要求的双重标准。

草原牧场景观区域：重视草原牧场生态保护建设及维护，将居民定居点、放牧区和帐篷聚落区作为核心景观单元进行整体规划，积极引导牧民进行社区参与，营造富有地方特色的民俗景观，并充分借助高原特有的气象景观、地文景观和生物景观等营造藏区圣洁自由的生活空间这一场所精神。

4.3 景观节点规划
4.3.1 景观节点分析

旅游节奏的快慢是影响游客在旅游目的地停留时间长短的关键因子，甘南州地处大九寨国际旅游圈的边缘过渡区，延长游客在甘南州停留时间对于改变目前过境"游而不留"的旅游现象意义显著。旅游节奏影响景观规划过程，同时景观规划也在一定程度上调整游客的旅游节奏，两者的差别在于前一过程适用于开发初期阶段，以市场需求为导向；后者是在旅游发展相对成熟后，对游客业已形成的旅游节奏进行适度调节优化以符合旅游进一步发展的需求。考虑到目前甘南州在兰州至九寨沟经典旅游线路上的发展状况，建议以自驾游和组团游客的行为习惯和旅游节奏为依据进行风景道景观规划。

节点是一个地区的焦点和象征，是游客进行甘南州旅游形象感知的重要元素，也是调节旅游节奏的主要手段。景观节点主要指能够满足游客休憩需求的特定空间场所，包括旅游景区（点）、城镇（仅限于城区或镇区）、村庄聚落等，是旅游者空间聚集的结果，因此节点选择应充分考虑在现有旅游节奏（旅游需求、行为规律、精力约束）下其自身理应承担和实际承担的游憩功能状况，前者为应该承担实际却并未承担，后者为现有功能的不完善与不匹配。针对国道213甘南段沿线景观特质、游憩点服务性质及半径，可将沿线景观节点按其设置缘由分为5类：景观单调型、功能缺失型、城镇服务型、景观分异型、资源影响型（表3）。这五类景观节点共同组成了甘南州风景道景观规划的重点与核心，是藏区特色集中展现的平台，也是游客进行旅游活动的重要地点。

4.3.2 "点—区"互动下的景观规划

甘南藏区地域景观空间尺度较大，应积极组织景观区域（基质）与景观节点（斑块）之间的关系，并通过风景道（廊道）的牵引串联，有效地联系甘南州南北区域，形成一条贯穿全境的区域性旅游发展通道与线性战略发展空间。景观节点是景观区域的空间表现载体，景观区域的内涵及特征需要通过景观节点进行解读，景观区域与节点的联系不仅体现在两者功能上的相辅相成，更体现在以下两个方面：首先是位置关系，存在点在区中和点在区间两种形式；其次是属性关系，即存在同质与异质两种类型。综合两者之间的位置及属性关系可分点在区中且点与区景观属性同质，点在区中且点与区景观属性异质，点在区间三种情况。

（1）点在区中且点与区景观属性同质：此类景观节点与其所在景观区域属性相同，景观节点最重要的功能是整合归拢由景观区域的无限性、广域性和延伸性而带来的景观要素凌乱分散状况，其景观规划应以增强景观区域特色为主要目的，强调景观协调，完善游憩服务功能。

（2）点在区中且点与区景观属性异质：此类景观节点与其所在景观区域属性相异，景观节点最重要的功能是在遵循景观区域内涵的基础上，强调反差性、不对等性与不平衡性，以此达到聚焦游客注意力，缓解审美疲劳，增强景观吸引力等目的，这对于

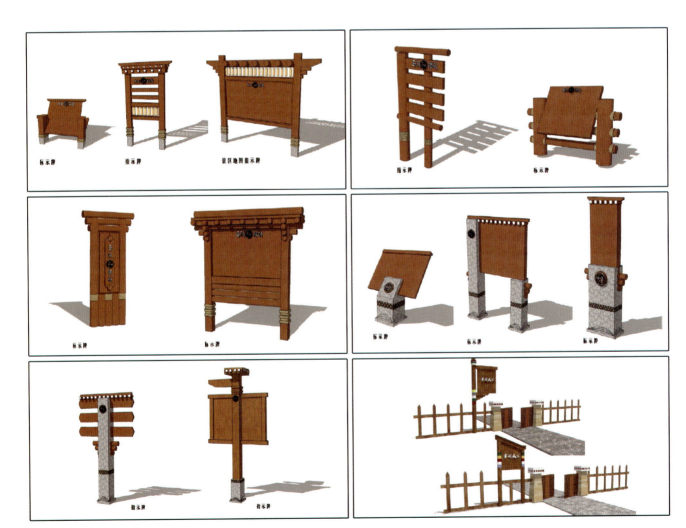

图7 当周草原旅游标识系统设计

甘南藏区大尺度同质自然景观环境背景下道路沿线景观规划具有重要借鉴意义，一般多牵涉到自然景观区域背景下人文景观节点的景观规划问题。

（3）点在区间：此类景观节点主要分布在两种类型景观区域的交界处，在地域自然或人文景观特征上呈现出一定变异性和边缘性，其景观规划应重点突出区域的"窗口"或"门户"效应，使其不仅成为某一景观区域形象的集中代表，更应成为引导游客心理有序变化（预示、提醒、期盼、联想等）的媒介。

值得注意的是景观节点的景观属性往往具有复合型，不是单纯的自然或人文类，因此在规划过程中应注重多元融合的体现。

4.4 功能保障规划

风景道功能保障规划集中以下三个方面：①对目前已存设施可根据实际需求进行适度改造利用；②根据游客旅游需求及目前设施利用现状，建设补充部分旅游相关设施；③对风景道沿线及附近地区已存在或新建设施进行统一分类、规范管理。

4.4.1 对已有设施改造利用，契合环境与市场需求

以游客需求及实际利用价值为导向，注重体现已有设施所在区域的文化类型特征，从设施的体量、结构、功能、色彩等方面出发进行改造利用。可依托沿线农（牧）村，通过"驿站式"旅游发展模式，融合住宿、餐饮、娱乐等功能，打造风景道驿站，并将其建设成国道213风景道上最重要的游憩服务点，推动甘南"农（牧）旅"一体化纵深发展，实现第一、三产业融合，进而带动当地社区经济发展。

4.4.2 新建综合服务设施，满足游客旅途游憩需求

风景道设施建设应遵循有限的、辅助性引导的设计原则，充分注重与景观环境的协调统一，以游客停靠休憩的需求为建设依据，在风景道沿途配置简易的游憩点和旅游服务设施。以风景道解说系统建设为例，在建设过程中应在保护环境的基础上，充分发挥其交通引导、资源解说、教育宣传等多项功能，为游客旅行提供准确的指导和服务信息。

4.4.3 对设施进行分类管理，提高设施管理利用效率

将风景道沿线主要设施列入规划，从设施类型（基础设施、服务设施、其他设施）、建设及改造规范标准、维护检查三部分进行管理，最终形成特色鲜明，不同类型设施相互

表4 风景道重要地段设施建设及管理分类一览表

类别	子类	功能描述	建设管理内容
住宿餐饮设施	风景道驿站	提供停留休憩、观景的平台	农（牧）接待户
	风景道营地	提供特色户外住宿与餐饮	汽车营地、帐篷营地
	旅馆（舍）	提供价格低廉服务自助干净整洁，同时具有当地特色的膳宿接待	汽车旅馆、青年旅馆
	度假村	提供较高质量的旅游综合服务	农（牧）接待户
观景及游憩设施	观景点	提供观景休憩的空间	休息座椅、圆桌和遮阳的茅草顶
	游憩设施	满足游客自然生态观光、娱乐健身、文化体验需求	休息亭
解说标识系统	室内解说标识	全面综合展示甘南州内风景道沿线旅游资源概况（自然和历史民俗旅游资源）	游人服务中心、民俗展馆
	室外解说标识	为游客旅行提供准确的指导和服务信息	交通标识牌、旅游解说牌、旅游手册、宣传画册
保障服务设施	租赁及旅游交通	提供多种交通方式，同时保证租赁车辆的安全维护、物资齐备和基本服务齐全	汽车租赁中心（山地自行车、越野车、休闲露营车、旅游房车、旅游大篷车）
	配套服务设施	提供加油、维修、物资等汽车保障服务	综合加油站、服务站
	紧急救援系统	提供道路与环境指引、自驾车辆的保修、救援与修理等方面的服务	紧急救援部门、紧急救援电话专线
	医疗点	能够进行简单的医疗救护	配备常备药品和专业人员
信息服务设施	服务咨询中心	提供免费的旅游咨询、保险咨询与购买、出售旅行支票、发行联名信用卡等服务	服务中心（或服务点）
基础设施	给排水设施	为汽车营地、野外帐篷等沿线住宿餐椅设施生活用水及污水排放需求	给排水管网建设
	电力设施	保障沿线重要接待节点用电需求	开闭所、箱式变电所
	通信设施	提供电讯设施的旅游服务	电信设施、邮政设施、广播电视
	综合防灾	提供安全保障	消防设备、路面防冻
	环卫设施	维护风景道沿线环境卫生	垃圾处理（垃圾转运站、垃圾桶）、公共厕所

协调的综合管理体系。

5 结论与讨论

针对目前风景道景观规划多采用道路工程和景观生态的做法，对于旅游要素重视不够的现状，本文在进行景观特质分析的同时，强调了旅游节奏的重要性，并在此基础上分别划定了4类景观区域和5类景观节点，再以两者之间的关系分析为指导，并通过功能保障规划，战略上为国道213风景道景观规划提出参考和借鉴。但对于藏区这一特殊地域环境背景下的风景道景观规划研究，本文仍存在以下不足之处：第一，景观区域的划分和景观节点类型的确定没有采用相应的景观评价法，并缺少相对客观的量化指标，仅依据景观特质和旅游节奏较为主观化的分析判断，致使研究结果可能存在一定偏差。第二，提出的"旅游节奏"这一概念多侧重于市场导向的积极方面，即可维持健康可持续发展情况下游客的旅游习惯、行为规律等，对于市场导向的消极方面如盲目性和滞后性则缺少探讨。

注释

① 数据来源：《2010年甘肃统计年鉴》。
② 数据来源：《中华人民共和国行政区划简册2007版》。

参考文献

[1] 余青，樊欣等.国外风景道的理论与实践[J].旅游学刊,2006,21(5):91-95.
[2] Paul H. Gobster, Lynne M. Westphal. The human dimensions of urban greenways: planning for recreation and related experiences[J]. Landscape and Urban Planning, 2004, 68: 147-165.
[3] C. Scott Shafer, Bong Koo Leea, Shawn Turnerb. A tale of three greenway trails: user perceptions related to quality of life[J]. Landscape and Urban Planning, 2000, 49: 163-178.
[4] Forster Ndubisi, Terry DeMeo, Niels D. Ditto. Environmentally sensitive areas: a template for developing greenway corridors[J]. Landscape and Urban Planning, 1995, 33: 159-177.
[5] Jamie Mason1, Christopher Moorman, George Hess, Kristen Sinclair. Designing suburban greenways to provide habitat for forest-breeding birds[J]. Landscape and Urban Planning, 2007, 80: 153-164.
[6] Thomas G. Yahner, Neil Korostoff, Timothy P. Johnson, A. Mark Battaglia, Daniel R. Jones. Cultural landscapes and landscape ecology in contemporary greenway planning, design and management: a case study[J]. Landscape and Urban Planning, 1995, 33: 295-316.
[7] Tom Turner. Greenway planning in Britain: recent work and future plans[J]. Landscape and Urban Planning, 2006, 76: 240-251.
[8] Lucilia do Carmo Giordano, Paulina Setti Riedel. Multi-criteria spatial decision analysis for demarcation of greenway: A case study of the city of Rio Claro, Sāo Paulo, Brazil[J]. Landscape and Urban Planning, 2008, 84: 301-311.
[9] Charles C. Schrader. Rural greenway planning: the role of streamland perception in landowner acceptance of land management strategies[J]. Landscape and Urban Planning, 1995, 33: 375-390.
[10] 吴必虎，李咪咪.小兴安岭风景道旅游景观评价[J].地理学报,2001,52(2):214-222.
[11] 余青，胡晓冉等.风景道的规划设计：以鄂尔多斯风景道为例[J].旅游学刊,2007,22(10):61-66.
[12] Gary R. Clay, Robert K. Smidt. Assessing the validity and reliability of descriptor variables used in scenic highway analysis[J]. Landscape and Urban Planning, 2004, 66: 239-255.
[13] Scott Shannon, Richard Smardon, Milinda Knudson. Using visual assessment as a foundation for greenway planning in the St. Lawrence River Valley[J]. Landscape and Urban Planning, 1995, 33: 357-371.
[14] James F Palmer. Using spatial metrics to predict scenic perception in a changing landscape: Dennis, Massachusetts[J]. Landscape and Urban Planning, 2004, 69: 201-218.
[15] Michael J. Meitner. Scenic beauty of river views in the Grand Canyon: relating perceptual judgments to locations[J]. Landscape and Urban Planning, 2004, 68: 3-13.
[16] 陈跃中.大景观——一种整体性的景观规划设计方法研究[J].中国园林,2004(11):11-15.
[17] 俞孔坚.景观：文化、生态与感知[M].北京：科学出版社,2000:168-179.
[18] 邱德华，文剑钢.城市景观概念设计方法研究[J].苏州科技学院学报(工程技术版),2009,22(3):42-45.
[19] 王荃.可持续动态景观设计方法初探——以广东中山岐江公园为例[J].建筑学报,2009(5):96-97.

城市历史文化型道路更新改造：以美国底特律伍德沃德大街为例

Transformation and Renovation of Urban Historical and Cultural Roads: A Case Study of Woodward Avenue in Detroit, USA

文 / 余 青　廉俊娇　韩 淼

【摘　要】

历史文化街区、街道既有交通连接功能，又有历史文化传承性，在提升与更新改造中，面临着如何更好地满足社会对于道路更高、更多样需求，以及如何实现道路、交通、环境、景观、游憩和文化传承等方面的综合最优。美国底特律城市历史文化型街区——伍德沃德大街案例，从概况与发展、目标与战略、规划设计原则、工程优化设计、安全设施、景观与环保，以及公众参与等方面，对城市历史文化型街区更新改造中的实践应用进行了深入分析，最后提出了借鉴与启示。

【关键词】

城市历史文化型街区；规划设计

【作者简介】

余　青　北京交通大学风景道与旅游规划研究所教授、博士生导师
廉俊娇　北京交通大学风景道与旅游规划研究所研究生
韩　淼　北京交通大学风景道与旅游规划研究所研究生

引言

城市的现代化发展伴随着城市道路规划布局的发展与更新,这直接影响到城区内历史文化街区、街道的规划与更新改造。而历史文化街区、街道既有交通连接功能,又有历史文化传承性,对其规划与更新改造面临着如何利用和保护道路沿线丰富的历史文化与生态景观资源,如何更好地满足社会对于道路更高、更多样需求,以及如何实现道路、交通、环境、景观、游憩和文化传承等方面的综合最优等问题。为此,对城市历史文化街区规划与更新改造从理论和方法论上进行新的思考,积极吸收和引进国际先进理念、理论和经验,并将它们运用到城市历史文化街区、街道的规划设计、开发建设和管理中来,具有十分重要的意义。美国底特律伍德沃德大街(Woodward Avenue)是城市历史文化街区更新改造中的成功应用和杰出案例。对其进行研究,可为我国城市历史文化街区更新改造提供参考与借鉴。

伍德沃德大街机动车遗产游径(Woodward Avenue M-1-Automotive Heritage Trail,以下简称伍德沃德大街),位于美国北部的密歇根州,长27英里,连接了底特律城与庞蒂亚克(Pontiac),跨越了韦恩县(Wayne)和奥克兰县(Oakland)两个县,穿越多个市政区和街区,是城市交通干道,具有近百年的历史,是汽车工业诞生的地方,也是世界汽车文化历史的重要发源地,具有重要的历史文化价值,300余处的历史场地对世界、国家、密歇根州现有居民及土著居民都具有重要意义,并对底特律城市更新发展起到了重要作用。与此同时,伍德沃德大街还为外来游客提供丰富的汽车文化体验场所和机会,成为著名的美国汽车文明的历史文化旅游目的地。

由于伍德沃德大街突出的历史价值和重要性于1999年被指定为密歇根遗产线路,2002年又入选了美国国家级风景道,成为国家风景道体系中为数不多的一条城市历史文化型道路。

1 提升改造的目标与战略

自20世纪90年代以来,伍德沃德大街提升与更新改造进入了一个新阶段,为了科学、理性地指导伍德沃德大街规划与发展,作为非政府组织的伍德沃德大街行动委员会(Woodward Avenue Action Association,简称WA3)组织编制了一系列的规划。其中最主要的有:伍德沃德大街廊道管理规划(Woodward Avenue Corridor Management Plan)。三个专项规划,即非机动车规划(Woodward Avenue Non-motorized Plan)、6-8公里段社区规划(6 TO 8 Mile/ Woodward Neighborhood Plan)、公园区规划(the Park District——a Vision for a Sustainable Livable Corridor)[22、23]。

伍德沃德大街廊道管理规划(Woodward Avenue Corridor Management Plan),提出了总体目标是维护包括道路及其周边社区在内的整个地区的活力,同时实现道路与周围环境的可持续发展。具体来讲,通过保护、提升及维护廊道的内在资源,提升审美价值并提供友好的步行空间,规划成为旅游目的地,吸引并扩展新的业务支持,有效组织合作管理等分目标予以实现,同时每一个分目标的实现又都制定了相应的战略(表1)。

2 规划设计原则

2.1 灵活性设计原则

强调在道路工程建设中因时制宜地使用各道路建设指标,包括协调设计和超标设计。由于伍德沃德大

表1 伍德沃德大街规划目标及其战略列表

总目标	维护包括道路及其周边社区在内的整个地区的活力,同时实现道路与周围环境的可持续发展
分目标	战略
1. 保护、提升和维护道路内在资源	1-1 明确和记录所有历史、文化和游憩资源 1-2 创造机会,协调各社区、邻里协会、非政府组织和其他私人组织之间的关系 1-3 提供机会,加强伍德沃德大街文化机构和节事组织者之间的合作,营销提升其内在资源,提升合作和参与的机会
2. 伍德沃德大街审美价值的提升,并提供友好的步行空间	2-1 为社区、邻里街区非政府组织提供资源,信息和机会并提升廊道 2-2 明确物质性和社会性连接11个社区的战略
3. 伍德沃德大街作为旅游的目的	3-1 创造、提升营销规划 3-2 提升旅游质量,通过应用旅游设施等营销,促销
4. 小道资源提供吸引和扩展新业务的支持,使伍德沃德大街成为东南密歇根的文化、遗产和经济活动枢纽	4-1 开发并提升旅游以提升经济基础,提升现有的旅游设施并创造高就业率的旅游岗位
5. 以有效的合作组织管理小道	5-1 采取行动鼓励伍德沃德遗产小组有效地实施CMP 5-2 保证基金的供给以提升项目的实施

资料参考:伍德沃德大街廊道管理规划 http://www.woodwardavenue.org/index.html

街作为城市历史文化型街道，有着百年历史，道路整体已经形成，但是因年代久远而导致的道路使用过度等问题需要在维修改建中予以解决。这就要求在改建过程中，既要充分考虑原道路状况，又要充分考虑现有道路技术标准和道路景观特色，做到改建既符合道路使用要求，又能突出历史文化资源保护和道路景观特色。

2.2 原真性原则

作为城市历史文化街区，伍德沃德大街有着众多珍贵的见证了汽车从诞生到兴盛发展的历史文化资源，真实地呈现不同发展时期的状况，并为旅游者提供难忘的体验，资源的原真性保护极为重要。

2.3 保护性原则

伍德沃德大街历史文化品质需要得到完整的保护，同时，道路作为社区的主要公共场所，又必须为居民日常生活提供充分的服务功能，因此，需要强调在资源保护的前提下，进行道路更新发展和改造升级。

2.4 文化活化原则

伍德沃德大街沿线保存着大量的不同时期的建筑、博物馆、教堂等，这些资源多为静态的历史文化遗产，因而，需要采取较为灵活的措施加以呈现，以再现汽车繁荣时代的胜景，深化旅游体验。

2.5 多利益主体合作原则

作为位于城市干道的伍德沃德大街，涉及众多的利益主体，需要多利益主体之间的通力合作与协作，以实现道路、社区和环境之间的可持续发展。"多学科团队合作"是伍德沃德大街改造修建的成功关键之一。在项目前期，筹建了一个由景观环境专家、建筑美学设计者、历史考古学者等多学科专业人员组成的研究团队，促进伍德沃德大街交通功能改善，还实现了道路与社区、环境保护、道路建筑特色、历史文化遗址的融合。

3 工程优化设计

3.1 路线选择

作为城区历史文化型街区，在更新和改建中，除考虑道路在城市中的布局合理性、交通安全性和方便适用性以外，还应当全面、综合地考虑道路规划建设的主题和意义。道路路线选择应该能够串联起该区域最具历史文化价值的景区景点，通过灵活性设计街道路线走向，最大化观赏当地的历史文化景观，实现道路通行与道路景观的综合最优。

作为底特律城市主干道，伍德沃德大街新的更新和改建，在路线选择中提出了以"历史文化景观观赏最大化"为主的理念。该廊道区域内的汽车文化是最为突出的历史文化景观，表现在建筑、机构、场地以及沿线的重要地标方面，其中最有特色和价值的是众多的汽车产业遗址。汽车产业遗址由于保留了历史时期的风貌和特征，部分已经成了博物馆、艺术展览馆和戏院等公共场所。伍德沃德大街为了更好地展示地方汽车文化景观，在道路线路安排设计上，有意识地将汽车文化遗址考虑进来，使道路沿线能够经过最多、最具有观赏价值的汽车遗址景点，并专门形成了"汽车遗产游径与公共艺术之旅"和"汽车工厂诞生地之旅"等线路。

3.2 道路主体提升改造

作为底特律城市主干道，伍德沃德大街支撑着城市交通系统的运行，同时也是社区居民生活的公共空间。因此，伍德沃德大街更新和改建工作，必须综合考虑社区居民生活、道路周边环境、工程技术难度、工期以及资金等因素，以实现提升道路功能，满足社区多样化需求，以及高效、健康、经济和社区协调发展等多目标，伍德沃德大街道路主体提升改造，以CSS理念为指导，因时制宜地对部分路段、部分道路元素进行提升改造。主要措施包括了增加路宽，增设非机动车道（自行车道和人行道），并将重点提升改造路段分为4个区域，分别为：城市、郊区、城郊混合带、I-696立体交叉带，具体措施见表2。

表2 伍德沃德大街无机动车规划区域及措施

区域	城市 (Urban)	郊区 (Suburban)	城郊混合带 (Hybrid)	I-696立体交叉 (Grade Separation)
提升措施	·消除外部车道 ·迁移路旁停车场 ·扩展人行道至8m ·增加5英尺路旁自行车道	·消除外部车道 ·扩展人行道至8m ·增加12英尺独立的自行车道 ·提升改造街景	·消除外部车道 ·迁移路旁停车场 ·扩展人行道至8m ·增加12英尺独立的自行车道 ·增加4~6英尺园景路段作为独立的停车场	·增加伍德沃德大街与主体构筑物之间的14座自行车桥 ·为自行车骑行者提供空间 ·自行车与行人相分离

资料来源：Woodward Avenue non-motorized plan（GWE）

4 路侧游憩服务设施

在"以人为本、功能完善、格调优美、融于自然"设计理念指导下，伍德沃德大街游憩服务设施规划设计，综合考虑了驾乘人员和游客所需服务的提供，伍德沃德大街的文化体验和观赏性，以及道路沿线社区居民的日常生活需求等方面，实现了交通、旅游、休闲、购物、教育、生态和环保的综合最优。

4.1 道路标识设施

伍德沃德大街道路标识，在不影响城市基本交通引导前提下，统一道路标识风格与式样，采用了特色LOGO，形成了一套完整的体现伍德沃德大街历史文化内涵的标识系统，为更好地引导游客游览发挥了重要作用。

4.2 解说设施

伍德沃德大街解说设施包括解说牌、游客中心、博物馆与展览馆等三部分。解说牌，主要是对历史街区、文化遗址遗迹、城市地标景观等历史和文化内涵进行说明和展示；游客中心，道路沿线共设有三处游客中心，为游客提供旅游信息服务；博物馆与展览馆，伍德沃德大街沿线部分历史建筑功能进行转换，规划设计为博物馆与展览馆。

4.3 旅游服务设施

包括了户外游憩、餐饮、住宿，以及购物等服务设施。户外游憩设施，伍德沃德大街沿线规划建设了众多的游憩公园、花园与动物园、健身场所、游乐园与游戏区、露天剧场；餐饮设施，道路沿线规划建设了众多的、多元化的餐饮设施；住宿设施，伍德沃德大街沿线有着从汽车旅馆到高级宾馆等不同类型和等级的住宿设施；购物设施，伍德沃德大街道路沿线规划建设了大量的别具特色的购物点。

4.4 交通连接设施

伍德沃德大街作为城市交通干线，交通连接设施主要包括了停车场和自行车换乘设施两方面。伍德沃德大街的停车场主要是依托城市的各项功能设施而建，包括办公楼、景区景点、公园以及商场等，同时规划建设了一批路边停车场，供游客或居民临时停车使用；自行车换乘设施的规划建设，为步行者及自行车骑行者提供便捷的交通换乘和良好的旅行体验。

5 景观与环保

伍德沃德大街在改造建设过程中，历史文化景观的保护坚持以"最少的规划和最大的保护"为指导，充分利用道路沿线已有的历史遗留建筑，辅以汽车文化的景观小品营造了独具特色的汽车工业和历史文化的主题道路景观。

伍德沃德大街将道路工程建设与历史文化环境保护有机地协调统一起来，具体措施见表3。

6 借鉴与启示

6.1 道路工程优化设计

城市历史文化型街道不仅具有道路交通功能，还具有历史文化、景观美学、旅游游憩、社会服务等功能，这就要求道路的更新改造提升，需要从灵活性设计、宽容性设计和稳静化设计来完成道路安全；从美学设计角度出发来体现道路线形与周围景观、构造物的和谐；从可持续发展角度来实现道路环境、

表3 道路工程建设与历史文化环境保护措施

	主要方式	基本措施
工程建设	减少能源消耗	严格交通信号灯的数量与位置 安装节能灯 规划公交优先车道 相关事业出入通道的共同使用
	减少资源消耗	优先使用当地的工程材料，包括改扩建的遗留材料 较少的路灯柱或悬吊式路灯系统设计 可回收材料的再利用
环境保护	减少对环境破坏	为保护街道原有历史遗迹而灵活性改变和移动路线 设置围栏保护路旁行道树 透水路面车行道 相互连接的生态排水管 最大限度地减少施工痕迹
	支持健康城市社区生活	文化古迹和历史资源的翻新和保护 多样性的植物选择与栽种 降噪降振路面材料 街道公共艺术 紧急车辆出入口 独立自行车道 废物桶和回收桶

图1 德国格尔茨街道　　　　辛岚/摄

景观建筑和历史文化特征的保护。

6.2 历史文化资源与景观保护

由于历史文化型街区形成年代久远，具有深厚的文化积淀，因此，道路的更新改造提升在保护的前提下，应该综合考虑其道路交通功能、历史文化展示功能、景观环境功能，以及旅游游憩功能，做到规划设计的综合最优。首先应进行全面的资源分析，以此作为物质性及非物质性设计工作的依据；其次，针对道路所保留的，具有某历史时期工程设计技术印记的遗址遗迹，一是在功能完善的基础上进行原貌修复、再利用，二是将其加以保留，营造道路所固有的历史文化氛围。

6.3 多学科融合与公众参与

针对城市历史文化型街道的特点，结合道路自身的地理位置、历史渊源和文化特色等独特优势，在道路更新改造提升中，组建了由道路交通、规划设计、景观环境、历史文化、旅游游憩、艺术美学和雕塑艺术等构成的多学科专家团队，充分考虑了环境保护，凸显了社区价值，保障了公众利益。公众参与方面，相比普通的城市道路，历史文化型街区的文化、资源和景观价值较大，更具唯一性和脆弱性，修护和保护工作范围更广，难度更大。因此，在道路更新改造提升中，更应该广泛吸纳社区公众的意见，鼓励他们积极参与到工程建设与维护中来。

基金项目

本文为国家自然科学基金项目"综合交通运输系统中风景道评估体系及模式"的部分研究成果（40971288）。

参考文献

[1] Federal Highway Administration. An Assessment of the Feasibility of Developing a National Scenic Highway System: U.S. [R].1973.

[2] Federal Highway Administration. An Analysis And Summary of The 1990 National Scenic Byways Study Inventory: U.S. [R].1990.

[3] Federal Highway Administration. National Scenic Byways Program: U.S.[S]. 1995.

[4] FHWA.Flexibility in Highway Design,1997.

[5] Federal Highway Administration. Byway Beginnings: Understanding, Inventorying, and Evaluating a Byway's Intrinsic Qualities: U.S. [R]. 1999.

[6] Geometric Design Practices for European Roads[R]. U.S. Department of Transportation & FHWA,2001.

[7] Timothy R N, Mary Schwartz, Leofwin Clark, etc. A Guide to Best Practices for Achieving Context Sensitive Solutions[R]. USA TRB. NCHRP Report 480.Washington D.C., 2002.

[8] A Guide to Best Practices for Achieving Context Sensitive Solutions[Z].2004.

[9] AASHTO/FHWA. Results of Joint AASHTO/FHWA Context Sensitive Solutions Strategic Planning Process Summary Report March 2007[R].2007.

[10] Federal Highway Administration. FY 2008 National Scenic Byways Program Nominations Guide: U.S. [R].2008.

[11] 湖南省交通勘察设计院.公路灵活性设计指南[M].北京：人民交通出版社，2006

[12] 王云.风景区公路景观美学评价与环境保护设计[D].北京：中国科学院，2007.

[13] 程建川，张健康，陈景雅等.简论道路综合敏感性设计理念[J]. 公路，2007(7)：89-93.

[14] 张瑛，程建川，张云翎.快速公交道路综合敏感性设计理念应用技术初探[J].常州工学院学报，2009,22(3):26-30.

[15] 张瑛.基于综合敏感性设计方法的城市道路设计关键技术研究[D].南京：东南大学，2010.

[16] 陆旭东，陈济丁.我国公路环保关联性设计的理念与实践[J].交通建设与管理，2010.

[17] 张重禄，张映雪，宁向向等.基于CSD的常吉高速公路高路堤和高架桥方案比选[J].公路与汽运，2007(3)：102-104.

[18] 张映雪，张起森，陈先义，张重禄.基于CSD的常吉高速公路自然环境选线方案优化[J].中外公路，2007, 27(3)：1-4.

[19] 张健康，陈景雅，高建新.综合敏感性设计理念在宁常高速公路设计中的应用[J].公路，2008(5)：125-129.

[20] Woodward Avenue Corridor Management Plan-update[Z]. Woodward Heritage Team, December 2006.

[21] 6 to 8 Mile/Woodward Neighborhood Plan[Z].WA3 and the 6 to 8 Mile Stakeholder Group ,2009. 2-11

[22] Woodward Avenuenon-motorized Plan [Z].

[23] The Park District: A Vision for a Sustainable, Livable Corridor —The 6 to 8 Mile/Woodward District Revitalization Initiative[Z].Woodward Avenue Action Association, Federal Highway Administration National Scenic Byway Program City of Detroit,2-20.

遗产廊道概念及其保护与可持续利用途径

Concept of Heritage Corridors and Methods for Protection and Sustainable Utilization

文 / 奚雪松　张宇芳

【摘　要】

遗产廊道是美国针对其大尺度文化景观保护的一种区域化遗产保护战略方法。本文对遗产廊道的概念、主要特征和判别标准进行了阐释，并从目标与策略、历史与文化资源保护、自然资源保护、慢行游憩系统完善、解说系统构建、市场与营销策略以及管理体系七个方面介绍了美国伊利运河国家遗产廊道的保护与可持续利用途径。

【关键词】

遗产廊道；遗产保护；遗产可持续利用；伊利运河

【作者简介】

奚雪松　中国农业大学水利与土木工程学院，副教授，硕士生导师
张宇芳　中国农业大学水利与土木工程学院，硕士研究生

1 遗产廊道概念

国家遗产区域（Heritage Area）是一个由国家议会所指定，具有多样的自然、文化、历史及风景资源，反映出自然地理条件下人类行为特征，可以代表国家某种独具特色景观特征的完整区域。其中现存丰富的物质实体以及蕴涵多样的传统文化使之成为某一段国家经历的杰出代表。人类通过传统的作用方式对区域的不断利用更增加了其成为遗产区域的重要意义。[1] 从1984年美国建立了第一个国家遗产区域——伊利诺伊州和密歇根州运河国家遗产廊道开始，到目前为止，美国共有37个国家遗产区域[2]，其中包括8条遗产廊道（Heritage Corridor）、24个遗产区域（Heritage Area）、2个遗产合作伙伴（Heritage Partnership）、1个国家历史区域（National Historic District）、1个工业遗产线路（Industrial Heritage Route）、1条河流廊道（River Corridor）。遗产区域已经成为美国文化遗产保护体系的重要组成部分。

遗产廊道（Heritage Corridor）是一种线形的遗产区域，它把文化意义提到首位，对于遗产的保护主要采用区域而非局部点的观点，同时又是自然、经济、历史文化等多目标的综合体系；[3] 是盛行于美国的一种集遗产与生态保护、经济发展、休闲游憩等于一体的保护与发展战略，一种行之有效的资源保护与利用及区域复兴平台。[4]

1.1 遗产廊道的主要特征

遗产廊道具有如下特征[5]：

（1）是线形景观。这决定了遗产廊道同遗产区域的区别。一处风景名胜区或一座历史文化名城都可称之为是一个遗产区域，但遗产廊道是一种线性的遗产区域。它对遗产的保护采用区域而非局部点的概念，内部可以包括多种不同的遗产，是长达几英里（1公里=0.6214英里）以上的线形区域。

（2）尺度可大可小。它既可指某一城市中一条水系，也可大到跨几个城市的一条水系的部分流域或某条道路或铁路。宾夕法尼亚州"历史路径"（The Historic Pathway）是一条长1.5英里的遗产廊道，而洛斯科米诺斯滨河遗产廊道（Los Cominos del Rio Heritage Corridor）则有210英里长。

（3）是一个综合保护措施。自然、经济、历史文化三者并举，这体现了遗产廊道同绿色廊道的区别。绿色廊道强调自然生态系统的重要性，它可以不具文化特性。遗产廊道将历史文化内涵提到首位，同时强调经济价值和自然生态系统的平衡能力。洛斯科米诺斯滨河遗产廊道包括2个州立公园，3个不同的生态系统，30个博物馆，1个动物园，1处国家海滨公园，2个野生生物保护地以及许多具历史或建筑重要性的构筑物。

1.2 遗产廊道的判别标准

（1）遗产区域应拥有能够代表美国遗产典型特征的自然、历史与文化的资源，具有增加认同、保护资源、阐述历史、持续利用等综合价值。通过建立公众与私人团体间的合作伙伴关系，将丰富多样的，有时是非连续性的各类资源与各行动团体进行整合等方式，使之能够得到最好的管理。

（2）遗产区域中应反映国家文化中具有重要价值的传统、习俗、信仰以及民间生活等部分。

（3）遗产区域应提供保护区域内的自然、文化、历史与风景特征的显著机会。

（4）遗产区域应具备突出的游憩休闲与启智教育特征。

（5）对区域的主题具有重要可识别性作用的各种资源，要保持一定程度的完整性使其能够反映与阐释历史。

（6）遗产区域提名地管理规划中所包含的居民、商业利益团体、非营利性组织与各级政府部门应制定出一份明确所有参与者角色（包括联邦政府在内）的概念性财务计划，并且论证出各自在遗产区域国家认定过程中所应承担的责任与义务。

（7）对遗产区域国家认定过程起到支撑作用的管理团体与政府部门应承诺在遗产区域的发展过程中保持密切的合作关系。

（8）提案需与遗产区域内持续的经济活动保持一致。

（9）遗产区域的理论边界需得到公众的支持与认可。

（10）管理实体提出的规划及实施策略需要公开表述。

弗林克（Flink）[6]、王志芳，孙鹏[5] 指出，遗产廊道在选择标准上强调四个重要性：

（1）历史重要性。历史重要性指的是廊道内应具有塑造地方、州县或国家历史的事件和要素。评价历史重要性要了解当地景观的社会、宗教和民族重要性以及一地的居住模式或社会结构是否影响着当地社区或社会。

（2）建筑或工程上的重要性。指的是廊道内的建筑具有形式、结构、演化上的独特性，或是特殊的工程运用措施。要考虑哪些人工构筑或建筑具有地方重要性，哪些建筑是社区所独有的，哪些是全国都普遍存在的形式。

（3）自然对文化资源的重要性。廊道内的自然要素应是人类居住地形成的基础，同时也影响整个廊道。评价廊道内的自然重要性要了解以下几点：当地自然景观在生态、地理或水文学上的重要性；所研究的区域是否具有完全、基本未被破坏的自然历史；场地是否由于人类活动和开发而受到改变；哪些自然要素是景观的主体，决定着区域的独特性。

（4）经济重要性。指的是保护廊道是否能增加地方的税收、旅游业和经济发展等。

2 遗产廊道保护与可持续利用

保护与管理规划是遗产廊道实现保护与可持续利用的基础。它以讲述国家遗产区域内遗产的故事，鼓励各类资源的长期保护与改善、主题解说、项目融资与开发为目的，依据国家环境政策法（NEPA）、国家历史保护法（NHPA）及各遗产区域相关的授权法的相关内容，对国家遗产区域保护与发展所应遵循的行动计划、政策法规、目标、原则与战略等所进行的全面阐释。[2]明确在规划期限内（大约10~15年）当地的协作实体与参与者想要实现的最终目标，并以协议的形式明确国家公园管理局、公众、推选的官方代表、投资者及代理机构的权责关系。它不仅作为具体决策的引导，向普通民众解释遗产区域的目标与各项计划的实用工具，传达遗产区域所有的内容信息，遗产区域所属社区的工作意图等，而且是当地协作实体与政府之间的融资纽带。下文以伊利运河国家遗产廊道的保护与管理规划[7]为例，探讨遗产廊道的保护与可持续利用途径（图1）。

2.1 目标与策略

《伊利运河国家遗产廊道保护与管理规划》明确提出了规划的六大目标：①遗产廊道的历史和独特的地方感将得到广泛的表达和保护；②遗产廊道的自然资源将反映环境质量的最高标准；③遗产廊道的游憩机遇在文化遗产资源的保护前提下将实现最大的范围和多样性；④遗产廊道的居民和游客将认同遗产保护的价值并积极支持；⑤遗产廊道的经济增长将实现可持续的良性发展；⑥遗产廊道将成为本国及外国旅游者必经的旅游目的地。

这6个目标涵盖了伊利运河遗产廊道的历史价值、工程价值、生态价值、审美价值、游憩价值、教育价值等诸多方面。就规划范围而言，前两项强调廊道资源本身的保护；三、四项强调对点状资源的整合，通过线形的廊道体验提升整体价值；五、六项强调了运河品牌的塑造和整个遗产廊道的面状经济增长。6个目标由小及大，规划的综合性逐渐增强。

2.2 历史与文化资源的保护

伊利运河国家遗产廊道的重要性体现在其通过大量特有的历史和文化资源，将促进地区、纽约州乃至国家特质形成的那些特定人物和事件传达给现代游客。因而完整性和真实性是廊道历史资源保护的首要考虑因素。对历史与文化资源保护的首要策略是建立元素尺度上的保护设计导则，包括直接涉及的遗产单体和沿线聚落、自然保护地等廊道资源保护导则的制定，如根据不同破坏程度的河道制定相应保护策略等。这项工作的基础是对遗产现状详尽调研，以及基于调研的诸遗产元素的价值认识和评价。

历史与文化资源保护的对象可分为10类，包括运河本体、附属建筑物、船舶等功能相关遗产，文件、图片等物质文化遗产以及与沿运地区民俗、艺术等相关的非物质文化遗产。根据主体的不同，保护方式

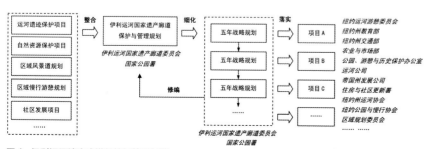

图1 伊利运河遗产廊道保护与管理框架　　　　　　　　　　　　**图片来源：作者整理绘制**

表 1　伊利运河国家遗产廊道历史资源的保护和可持续利用措施

类别	优先保护资源	主要保护措施	解说重点	经济复兴	代表案例
纤道时期运河	●运河相关地名； ●旧运河沿线带状公园； ●公园或游憩目的地内的运河遗址； ●运河航道遗存	●已成为水体的部分：保持现状； ●成为湿地的部分：根据湿地的生态价值，可增加必要的通行路径，或引水恢复河道状态； ●掩埋/已改建为城市：保持现状	●已成为水体的部分：增加必要的解说设施； ●成为湿地的部分：解说湿地的生态价值和曾经的运河历史路径； ●掩埋/已改建为城市：将该区域的街道名称命名为运河相关，或使用运河作为城市设计元素	●遗存的部分可称为连接两个独立资源点的纽带； ●湿地的生态价值应得到发挥； ●航道遗存应适当恢复构造，成为廊道观光焦点	●雪城（Syracuse）； ●布法罗（Buffalo）运河港口； ●拜伦（Byron）港运河遗址公园； ●旧伊利运河州立公园
20世纪驳船运河	●运河公司土地，尤其是居住区、乡村中的未破坏土地； ●运河沿岸连续的公共用地	●保护和恢复历史滨水区； ●保护运河沿岸的农田和用地； ●恢复运河公司土地的游憩功能	●人工驳岸段，周边的居住区提供了必要的保护措施； ●自然驳岸段，居住区因新运河开通而产生了新的发展方向	●通过新的土地利用规划带来新的发展机遇； ●全面规划和强有力的激励机制，防止毁坏支持运河公司恢复历史的举措，提高运河的商业及休闲用途	●利特尔福尔斯（Little Falls）； ●斯凯勒维尔（Schuylerville）； ●菲尼克斯桥屋（Phoenix Bridge House）； ●洛克波特（Lockport）
运河聚落	●历史资产威胁度最高的聚落； ●经济发展条件最差的聚落； ●历史上的运河小镇（以文化景观评估，应呈现特殊形态）	●重点参考当地遗产保护规划； ●遗产规划应结合决策者的经济发展需求； ●赋予运河遗产的多用途或新用途	●游客中心应结合真实历史场所建立； ●解说设施应鼓励访问者体验廊道资源； ●街区中设明显的引导标识	●主要街道的复兴； ●避免仿古建筑； ●新的街道铺装、家具等不应追求从未出现过的"历史"； ●通过高质量的现代设计手法营造舒适的混合用途街道空间	●费尔波特（Fairport）； ●奥斯威戈（Oswego）； ●卡尼亚斯托（Canastota）； ●菲舍尔渡口（Vischers Ferry）； ●沃特福德（Waterford）； ●白厅（Whitehall）
工业景观	●纤道时期发电设施和磨坊街区； ●驳船运河港口和沿海街区； ●宜重新利用的场地	●调查后去除污染； ●去除威胁水质和生态环境的滨水设施； ●赋予场地新的土地利用功能； ●某些区域可重新发展工业	●驳船运河历史和当今的工业与贸易； ●工业用地的分布标识出运河沿岸土地利用的序列； ●廊道中人工和自然运河系统的关系	●滨水街区增加商业及休闲用地； ●许多城市中可根据工业用地的改变发展新的滨水市区格局	●布法罗； ●卡纳约翰里（Canajoharie）； ●科霍斯（Cohoes）
乡村景观	●农业构筑物； ●农场； ●森林和开放空间； ●出租给农场的运河公司土地	●谷仓等农业构筑物可加固并赋予合适的新用途； ●保护农场的农业活动； ●保护森林和开放空间； ●若农田废弃，以乡土植物替代	●结合构筑物解说它们建造时的运河历史； ●利用路边的农田植物为环境解说素材； ●根据路边的自然堆土建立观景点	●农出、温室和葡萄酒厂成为汽车游客的兴趣点； ●乡间开放空间成为森林的缓冲游憩区； ●绿色市场提供新鲜农副产品	●水上农夫市场； ●湖区； ●爱德尔（Aider）
船舶	●纤道时期运河船舶残骸； ●运河公司水上设备	●运河公司应恢复水上设备； ●对船舶的检查中勿遗漏文件和资料	●对船舶的考古研究是保护的基础； ●根据船舶状况可考虑利用历史船舶游览运河	●运河公司可利用其载人过闸贸易的历史营销； ●模拟古典小船的新船只租赁和销售	●运河公司拖船"厄格"（Urger）号； ●沃特福德拖船大会
遗址	●美洲原住民遗址； ●纤道运送及构筑物； ●水下手工艺品	●原址保护； ●根据州历史保护法案及部落遗址维护法案保护	●场地中被掩埋的历史应通过研究发掘从而得到解说	——	●奥尔巴尼（Albany）1号船闸
文件和手工艺品	●对运河相关日常历史的记录材料	●应增加通过在互联网上创建一个"虚拟研究收集"，方便公众查阅运河历史图像及文件资料	●由博物馆、历史学会和档案馆收藏并对外展出； ●鼓励民众收集，保存，展览与信息交流	——	
艺术和民俗	●由博物馆、历史学会和档案馆收藏并对外展出； ●鼓励民众收集，保存，展览与信息交流	●应该成为一个努力维护历史的遗产廊道	●建立标志性文化建筑收集口述历史，以及运河工人的技能等	——	

资料来源：作者根据伊利运河国家遗产廊道保护与管理规划整理[7]

有所区别（表1、图2、图3）。

2.3 自然资源的保护

丰富的自然资源是伊利运河廊道地区的历史和文化发展不可或缺的基础。历史上这一地区特有的肥沃土地，充沛的水资源，以及多样的动植物资源使得其因运河的开通而迅速成为商业贸易中心。今天，这些自然资源成为遗产廊道的自然基质，同时也是许多游憩活动得以开展的基础。

对伊利运河国家遗产廊道自然资源的保护，其一是对不良影响保持高敏感度，其二是增强民众保护自然资源的意识，鼓励各种高水准的

图2　90号公路边纤道运河航道遗址　　　　　　　图片来源：作者自摄

图3　运河博物馆里展示沿运地区日常生活的陈列品　　图片来源：作者自摄

可持续资源管理。主要措施包含以下几方面：①利用乡土动植物群落进行生态修复，可利用大中专院校或高中的科学课程。②在开发区和自然保护核心区、水体或历史文化景观点之间设置自然资源的缓冲区，以减轻雨洪问题和非点源污染。③对关键区域的进行视觉保护，该区域影响地质、水文、聚落等景观格局。④在水资源管理的同时关注外来入侵物种，鼓励常规船维护和清洗，可以帮助恢复自然生态系统。⑤维护运河的工作应尽量减少对重要栖息地的影响。通过区域流域管理和可持续发展规划以减少快速径流和侵蚀。

2.4 慢行游憩系统的完善

过去的十年中显著增加的户外休闲活动使得纽约运河系统的游憩潜力备受瞩目。与此同时，遗产旅游成为许多人的首选。伊利运河国家遗产廊道提供了从郊野到城市的多种游憩机会，其丰富的自然资源提供了高质量的游憩资源，廊道区域景观的完整性和连续性成为吸引人们前来骑自行车和远足的基础，此外，沿线独具特色的历史和文化资源在增强地方感的同时也提供给人们深入了解廊道的机遇。

廊道的许多旅游目的地也十分乐意吸引游客前来，他们通过组织的旅行和特别赛事（如自行车、划船、远足、钓鱼或狩猎等），吸引新人前往该地区休闲。当地居民通过提供体育器材、租赁设备，可以促进廊道体验和当地经济发展，完善的基础设施和先进的解说信息可延长游客的逗留时间，增加该地区的经济效益。跨越行政边界规划协调，对整条遗产廊道游憩资源的整合、包装和推广将完善整个区域的游憩系统，大大增加运河遗产的综合效益。

游憩系统的规划包含5类主要游憩活动（表2），并遵循以下7条基本原则：

①规划项目应具有多用途，以满足不同使用者需求；②新增项目应结合现有游憩资源规划，适当增加出入口；③保证游憩资源的可达性；④规划项目应保证高视觉质量的游憩体验；⑤游憩项目以不破坏自然生态系统为前提；⑥结合遗产保护，强调游憩资源文化意义；⑦根据解说系统要求，满足廊道使用者需求。

2.5 解说系统的构建

遗产廊道丰富的资源提供了许多了解运河的过去、当前和未来的切入点，包括自然特征（如设计运河时面临的地形和水文困难）、文化特色（如运河社区和民间艺术）、历史功能（通过有形证据展现运河系统最初状态的历史景观），以及时代特征（如驳船运河的设施和操控）。对于廊道使用者来说，伊利运河最重要的特征在于它不仅是空间上的联系,更是串联了历史与今天的纽带。面对如此种类繁多、几经变化的解说主题,清晰的思路和恰当的媒介显得尤为重要。

此外,伊利运河遗产廊道区域拥有众多致力于维护并解说当地故事的团体。在廊道建立之前,各个遗产点的解说内容和媒介较为混乱。为了帮助这些团体更好地沟通,同时使得廊道整体层面的教育功能更加高效,伊利运河遗产廊道建立了一个清晰的层级解说系统。这个系统包含以下要素:

(1)解说框架:通过一个核心主题和数个围绕核心主题展开的次级主题阐述运河的历史文化。伊利运河国家遗产廊道采用了"美国身份"的核心故事主题,以及"力量与发展"、"连接与沟通"、"发明与创造"、"独一无二与丰富多彩"等四个次级解说主题(表3)。

(2)解说媒介:根据不同受众需求设置,增强解说和教育的媒体或设施。如旅游杂志、廊道简明手册、户外介绍牌、站立式互动解说站、语音和多媒体项目、信息中心等,此外,也可通过纪录影片、节庆和文化活动等多渠道广泛传播。

(3)标识系统:通过参数化图形设计表示身份、指示方向、明确边界,使得遗产廊道使用者可以最方便地到访他们感兴趣的历史和自然的资源。伊利国家运河遗产廊道采用了黑色和蓝色为主体的图形设计,并统一了公路指示牌、解说牌、慢行道出入口标识等。

任何一个廊道解说点都是这三个要素的融合,其中解说框架限定了解说的内容,标识系统建立了统一的视觉识别符号,具体内容经由解说媒介予以传达。遗产内容越丰富的区域,往往解说的手段也更加多样。例如纤道时期运河社区Camillus,从因特网到路牌等提供了一系列方便旅行者的引导标识,并在博物馆中通过实物、复制品、模型等多种手段展示运河的贸易历史。此外,提供了小型船只、自行车路径等多种体验设施,同时也引导游览者去往下一个解说点。

2.6 市场与营销策略

旅游业在纽约州的经济结构中一直扮演着重要的角色,但2006年以前的各类旅游规划并未将纽约州运河系统作为重要的独立旅游产品。因此,伊利运河遗产廊道营销推广的目的在于将独立的遗产旅游、自然资源保护、户外休闲游憩、遗产解说教育活动等加以整合,形成品牌效应。同时关注遗产廊道的可持续性,在资源保护和地方经济增长之间寻找平衡,不仅创造良好游览体验,而且提升当地居民的生活质量。旅游市场的营销与推广主要包括以下几方面:

2.6.1 平台架构

与散点式短途旅游不同,遗产廊道将被整体视作旅游目的地,这

表2 伊利运河国家遗产廊道游憩系统规划导则

类别	活动内容	规划导则	代表区域
遗产旅游	文化景观、历史场所、自然资源和文化机构	●游憩项目以不破坏自然生态系统为前提; ●结合遗产保护,强调游憩资源文化意义; ●根据解说系统要求,满足廊道使用者需求; ●规划项目应保证高视觉质量的游憩体验	哈德逊河谷国家遗产区域,纽约风景道系统
水体休闲	划船、冬季滑冰、游泳、钓鱼等	●鼓励面向大众的划船活动,如水上一日游、租船等; ●继续完成游憩道系统规划的游船设施和服务 ●鼓励运动俱乐部和学生运动员的游憩推广; ●在船和码头设施完善的前提下可鼓励钓鱼活动; ●优先考虑对现有游憩设施的维护和升级 ●持续寻求减少影响水体游憩的侵入性物种的措施	纽约州运河系统,纤道时期运河,卡普兰湖,手指湖
慢行休闲	自行车、散步、滚轴溜冰、骑马、野餐等	●连接运河的慢行道项目休闲修建; ●慢行道主要面向非机动游憩活动,停车设施应靠近船闸、风景点、市镇中心等; ●慢行游线的设计应尽量使旅行者经过廊道文化景观; ●一般情况下应尽可能设计多用途慢行道; ●慢行道表面材质应保证其长时间使用; ●独立区域的慢行道规划应与州规划协调,易于接入慢行道网络	伊利运河遗产慢行道,手指湖游憩道,尼亚加拉绿道,布法罗郊野滨水步道
野外休闲	远足、野营、观鸟、打猎等	●野营场地应与慢行道间隔一定距离; ●新建远足径应尽量与现有路径连接成网络,并向廊道外延伸; ●观鸟设施的设计应尽量避免对野生生境的扰动; ●人类活动有限的沼泽和大面积树林深处可安排狩猎	莫雷纳州立公园,三角洲湖州立公园
冬季休闲	越野滑雪、滑冰冰上钓鱼、雪地摩托等	●通过地区会议确定雪地摩托和越野滑雪路线,路径的使用需要市镇居民的参与决策; ●通过运河公司与地方政府和有关团体的协商,运河的某些段落可用作冬季溜冰,需保证运河的冬季维护	奥斯维戈休闲慢行道

资料来源:作者根据伊利运河国家遗产廊道保护与管理规划整理[7]

种做法将增加访问者的停留时间，即伊利运河成为串联一系列相关景点的线索。因此，架构统一的发展平台，减少重复工作是首先应当满足的条件。这个工作平台，包括成套的廊道视觉形象设计、跨行政区的高级管理机构、互利发展的协作伙伴关系，以及功能完善、交互良好的门户网站等等。在这套体系中，由伊利运河国家遗产廊道法案授权的廊道委员会作为核心管理者，积极推动上述各项工作。此外，官方网站（www.eriecanalway.org）成为重要的管理工具和对外窗口，除基本的宣传和发布功能外，还提供了知识介绍、活动参与、教育培训等一系列功能，使用者可以方便地规划旅游线路和查询相关信息。

2.6.2 产品开发

廊道旅游者的目的地选择反映了不同的活动需求，潜在的廊道旅游者可大致分为以下三类：①历史文化旅游者，如关注水利交通、水利工程、妇女权利运动、地下铁路等特定主题的宗教团体或民间组织。②户外探索型旅游者，包括划船、野营、自行车、远足等健身爱好者，自然和生态旅游爱好者，冬季运动爱好者，以及打猎、钓鱼等户外活动爱好者等。③其他旅游者，包括摄影爱好者、古董商品收集者和艺术爱好者等等。

针对上述不同人群规划不同的旅游产品，从而延长廊道旅游者的停留时间，刺激地方经济增长。对历史文化旅游者来说，历史、文化资源的真实性和完整性是最重要的旅游产品，这需要管理者强化历史遗迹的维护，改进解说设施，保证阶段性更新。此外，还应考虑其他旅游者需求，提供冬季家庭旅馆、地域特色商品售卖等。

（1）活动推广。伊利运河遗产廊道长期致力于通过承办各类运河相关活动建立广泛知名度，同时也增加了公众对廊道的认知机遇。2010年9月，运河城市罗彻斯特就承办了第23届世界运河会议，接待了来自17个国家的400余位参会代表。会前罗彻斯特滨水区举办的社区集市、运河游船、骑行等活动吸引了超过1万人参加。

2010年，运河慢行道庆典（Canalway Trail Celebration）、骑行伊利运河（Cycling the Erie Canal）、路易斯马克世界运河之旅（World Canals Tour of the Lois Mcclure）等超过300个活动顺利举行，是2005年的4倍之多。[8]其中，新年历摄影竞赛、运河奔腾（Canal Splash）等活动已逐渐形成传统。这些活动通过网站、宣传折页等多手段推广，吸引了越来越多的廊道访问者。

（2）设施配套。除必要的解说

表3 伊利运河国家遗产廊道解说框架

核心解说主题	次级解说主题	解说专题	代表地区
美国的象征	进步和力量	**克林顿渠**：个人、政治权利和远见	
		国家和民族：杰弗逊、麦迪逊、克林顿，以及建造运河之争	奥尔巴尼
		分裂和移居：运河建造的影响，以及随后的美洲原住民社会	罗马（Rome）
		繁荣的发动机：运河建造的经济影响	
		样板项目：伊利运河的成功对同类项目的影响	沃特金斯格伦（Watkins Glen）
	连接和沟通	**麦浪**：运河对农业和市场的影响	苏格湖群（Finger Lakes）
		城市的培育：运河对周边城镇扩张的影响	布法罗
		帝王之州：运河在纽约州发展成为国家财富中心的过程中扮演的角色	
		世界港口：运河在纽约市成为国家重要港口的过程中扮演的角色	
		新疆界：运河成为中西部地区的门户，大湖区在国内战争中的影响	斯克内克塔（Schenectady）
	发明和创造	**美国成就**：运河的建造成为科技进步的标志	洛克波特
		漂浮山间：地形、水文，以及运河系统的路线、闸坝、水柜的设计和工程	蒙特苏马（Montezuma）
		创新和改造：运河成为培养美国第一代工程师的摇篮；它是欧洲运河建造技术适应美国本土的产物	科霍斯
		综合系统：运河的管理和操作	
		演化和改造：运河发展的三个阶段，以及20世纪运河的再创造	
	统一和多样	**本土遗存**：美洲原住民的地区发展中的角色	沃尔尼（Volney）
		网状河道：移民,社会和文化相互影响,多民族	
		肥沃的土地：运河在社会改革和宗教运动中创造了舒适的环境	塞尼卡福尔斯（Seneca Falls）
		流行文化：文学、艺术、音乐、戏剧……中的运河	
		风俗和民俗：运河活态遗产	斯克内克塔迪
		新世界奇迹：作为国内和国际旅游目的地的运河	

资料来源：作者根据伊利运河国家遗产廊道保护与管理规划整理[7]

设施外，购物、餐饮、住宿等配套设施也是影响遗产廊道游览体验的重要方面。遗产廊道的系统性使得某些季节性、区域性较强的景点扩大了游客范围。因此，与之相关的配套设施需要合理发展。而这些也带动了区域的经济发展。莫哈克河谷和阿尔巴尼地区的游客每年给当地零售业带来了约3800万元收益，其中1400万元用于支付工资，从而给当地居民创造了507个工作岗位。[8]

2.7 管理体系

遗产廊道跨区域、多功能的属性决定了其管理工作需要经常协调不同行政区域和职能部门，因此，伊利运河国家遗产廊道法案同时确定了以合作伙伴关系为基础的保护与管理工作方式。其中，通过法案成立的伊利运河国家遗产廊道委员会（Erie CanalWay National Heritage Corridor Commission，简称ECNHCC）是管理体系的核心部门，由NPS长期支持。根据法案规定，委员会的期限为10年（后延长至15年）；成员27名（后修改为21~27名），任期1~3年。法案同时规定并强调了委员会成员的多专业背景构成：1名内政部秘书或指定官员，7名由州长或其他官员推荐委员（应具有如下部门工作经验：纽约州政府秘书长、纽约州环境保护部、纽约州公园、游憩和历史保护办公室、纽约州农业和市场部、纽约州交通部、纽约州运河公司、帝国州发展公司），其余19名委员来自廊道范围内的地方部门（具有旅游、经济和社区发展、区域规划、历史保护、文化和自然资源管理、休闲游憩或教育服务的知识）。

ECNHCC的工作重点是遗产廊道保护规划的完善与实施，大致包括两方面内容：一是与联邦、各州和地方部门协同工作，推动廊道规划的执行，促进运河相关历史、文化、休闲、经济和社区发展项目；二是管理联邦基金，同时寻求资金并接受政府和社会赠予（包括资金、专项拨款、私人物业或服务等）。ECNHCC需公布年度工作报告以便公众监督。内政部和NPS对ECNHCC管理工作的参与将长期延续。NPS将提供遗产廊道与国家公园系统单元、国家遗产区域项目，以及其他NPS技术支持项目的有效链接，并争取其他联邦部门对伊利运河遗产廊道的关注和投入。

除了上述核心部门外，其他联邦部门和项目也和伊利运河遗产廊道保持了密切的合作伙伴关系，其中包括了内务部指定的7个州政府部门，住房、区域规划等其他机构和项目。此外，许多美洲印第安部落和团体也是重要的合作伙伴。在ECNHCC和NPS的总体协调下，这些机构在遗产廊道相关项目中承担不同重要性的工作。

与此同时，州和地方各类独立机构及非营利组织在廊道资源保护、游憩与解说教育等方面也成了重要的领导力量。为了更好地推动这股民间力量发展，ECNHCC利用联邦基金，积极发起各类合作伙伴项目。如2010年开始运作的伊利运河伙伴项目（Erie Canalway Partner Program）以运河博物馆和文化遗产点为合作对象，每年由ECNHCC遴选出符合要求的申报机构，授予伊利运河遗产伙伴（Erie Canalway Heritage Partners）、伊利运河附属区域（Erie Canalway Affiliate Sites）或伊利运河兴趣点（Erie Canalway Points of Interest）称号，并提供230000美元的财政拨款和相应的技术指导。2010年，Camillus伊利运河公园（Camillus Erie Canal Park）等25个组织成为首批通过此项目成为伊利运河遗产廊道合作伙伴。[9]

参考文献

[1] NPS. National Heritage Area Feasibility Study Guidelines(draft)[R],2003.

[2] NPS. Components of a Successful National Heritage Area Management Plan[R],2007.

[3] 朱强,李伟.遗产区域：一种大尺度文化景观保护的新方法[J].中国人口.资源与环境,2007(01):50-55.

[4] 俞孔坚,李迪华,李伟.京杭大运河的完全价值观[J].地理科学进展,2008,27(2):1-9.

[5] 王志芳,孙鹏.遗产廊道——一种较新的遗产保护方法[J].中国园林,2001(5):85-88.

[6] Flink C A, Searns R M. Greenways: a guide to planning,design, and development[M]. Washington: Island Press, 1993.

[7] NPS. Erie Canalway National Heritage Corridor Preservation and Management Plan[R]. 2006.

[8] NPS. Erie Canalway National Heritage Corridor 2011-16 Strategic Plan[R]. 2010.

[9] NPS, U.S. Department of the Interior. Study Reveals Strong Economic Impact of Local Historic and Cultural Sites[R]. 2010.

国家文化线路遗产战略构建研究

An Analysis of the Strategic Construction of National Cultural Road Heritage

文 / 刘小方

【摘　要】

作为一种新的遗产理念，文化线路的概念自1994年提出以来得到了国际遗产界的广泛关注。2014丝绸之路与大运河正式提交38届世界遗产委员会审议，标志着我国文化线路类遗产研究与实践迈出坚实步伐。应当指出的是，国内文化线路的研究仍有较大的提升空间，国内丰富多样的文化线路遗产更需要进一步梳理、研究和申报、保护。建构国家文化线路遗产战略不仅符合文化线路遗产的内在特质，更为我国遗产保护由点到线，由线到面提供切实的制度保障。

【关键词】

文化线路；国家战略；世界遗产

【作者简介】

刘小方　温州职业技术学院工商系教师

图1 江苏扬州大运河美景　　　　　　　　　　　　　　　　　　　　　　　　　　刘勇 / 摄

文化路线（Cultural Routes 或 Cultural Itineraries）是一个相对较新的文化现象，基于此产生了新的世界遗产类型①。其自身具有开放特征，不受特定地域边界的限制；同时还因穿越某个地理单元及多个当地社区而最终形成一个旅游产品，由于文化线路的元结构集合了不同地域系统，其所蕴含的价值、含义、期望与体验的特殊意义让它不同于其他遗产类型，这使得文化线路的概念一经出现就引发了学界和人们的普遍专注。

依照2008年《国际文化线路宪章》，"文化线路"定义为："一种陆地道路、水道或者混合型的通道，其形态特征的定性和形成基于它自身的和历史的动态发展以及功能演变；它代表了人们的迁徙和流动，代表了一定时间内国家和地区内部或国家与地区之间人们的交往，代表了多维度的商品、思想、知识和价值的互惠和持续不断的交流，并代表了因此产生的文化在时间和空间上的交流与相互滋养，这些滋养长期以来通过物质和非物质遗产不断得到体现。"[1]但截至目前，文化线路的定义、划分标准仍处于国际遗产界和学界专家的讨论中，尤其是国际文化线路委员会（International Committee on Cultural Routes）、欧洲文化线路专业结构（European Institute of Cultural Routes）等重要学术团体之间仍存在争议。

1 世界文化线路遗产的概况与分布

从《世界遗产名录》（以下简称《名录》）的具体情况来看，虽然明确以"文化线路"身份列入《名录》的相当有限（仅有法国和西班牙的"德孔波特拉朝圣道"），但这并没有妨碍全球约20条"线性文化遗产"、"线形文化景观"被列入，其中欧洲大陆最多为11条，亚洲4条，中东3条，拉丁美洲2条（表1）。

1.1 文化线路遗产身份确认

关于文化线路的甄别与辨析，

表1 已列入世界遗产名录的线性遗产统计（截至2014年3月）

类型	遗产名称	缔约国	时间	列入标准
交通工程类（8项）	塞梅林铁路 Semmering Railway	奥地利	1998	(ii)(iv)
	大吉岭铁路 Mountain Railways of India	印度	1999	(ii)(iv)
	南运河 Canal Du Midi	法国	1996	(i)(ii)(iv)(vi)
	瑞艾坦铁路在阿尔布拉和波里男地区景观 Rhaetian Railway in the Albula / Bernina Landscapes	瑞士	2008	(ii)(iv)
	波特塞思利特渡槽与运河 Pontcysyllte Aqueduct and Canal	英国	2009	(i)(ii)(iv)
	舒述塔历史水利系统 Shushtar Historical Hydraulic System	伊朗	2009	(i)(ii)(v)
	辛格尔运河以内的阿姆斯特丹17世纪同心圆型运河区 Seventeenth-century canal ring area of Amsterdam inside the Singelgracht	荷兰	2010	(i)(ii)(iv)
	上哈尔茨山水资源管理系统 Mines of Rammelsberg, Historic Town of Goslar and Upper Harz Water Management System	德国	2010	(i)(ii)(iii)(iv)
贸易类（3项）	乳香之路 Frankincense Trail	阿曼	2000	(iii)(iv)
	香和香料之路 The incense Route	以色列	2005	(iii)(v)
	皇家内陆大干线 Camino Real de Tierra Adentro	墨西哥	2010	(ii)(iv)
宗教文化类（5项）	德孔波特拉朝圣道 Santiago de Compostela	西班牙	1993	(ii)(iv)(vi)
	德孔波特拉朝圣路 Routes of Santiago de Compostela in France	法国	1998	(ii)(iv)(vi)
	胡迈海卡山谷 Quebrada de Huahuaca	阿根廷	2003	(ii)(iv)(v)
	纪伊山地的圣地与参拜道 Sacred Sites and Pilgrimage Routes in the Kii Mountain Range	日本	2004	(ii)(iii)(iv)(vi)
	伯利恒的耶稣诞生地：主诞堂及朝圣路 Birthplace of Jesus: Church of the Nativity and the Pilgrimage Route, Bethlehem	巴勒斯坦	2012	(iv)(vi)
军事雷线状遗址（4项）	长城 The Great Wall	中国	1987	(i)(ii)(iii)(iv)(vi)
	圭内斯郡爱德华国王城堡和城墙 Castles and Town Walls of King Edward in Gwynedd	英国	1986	(i)(iii)(iv)
	阿姆斯特丹防御战线 Defense line of Amsterdam	荷兰	1996	(ii)(iv)(v)
	带驻防的边境城镇埃尔瓦斯及其防御工事 Garrison Border Town of Elvas and its Fortifications	葡萄牙	2012	(iv)

有观点认为，如果一条道路（或道路的一段）被认为是文化线路，应该拥有一个起点和终点，一个相当的长度和有限的宽度。"理论上来讲，文化线路作为一个线形的提名本身就是连续的，线上的每一个重要节点都应该考虑被列入遗产名录。"[1]因此，尽管所有的文化线路都以线状的模式存在，但并非所有的"线形文化遗产"或"线形文化景观"都是文化线路，两者之间虽有类似之处，然而实质的差别却相当大。总之，文化线路应当具有旗帜鲜明的概念边界，尤其应当注意不要将旅游线路（包括有文化内容的）与文化线路混淆。

世界遗产委员会对文化线路持相对包容的态度，《世界遗产大会执行操作指南》2005版（以下简称《操作指南》）并没有将文化线路明确作为新的遗产类型，只是在附录"世界遗产名录关于特殊遗产类型遗产列入指南"中将"文化景观、历史城镇与城镇中心、遗产运河、遗产线路"作为特殊遗产名目列出。指南中甚至没有提及文化线路一词。并仍指出"遗产运河可能是一处遗址，其关键特征是一条线性文化景观"，"遗产线路可以被视为一种特殊的、动态类型的文化景观"②。2008年《国际古迹遗址理事文化线路宪章》指出："作为一种新的遗产类别，文化线路不和已建立的文化遗产的类别标准相冲突。它从整体、多学科和框架共享方面提升了文化遗产的意义。它也没有和其他如遗址、城镇、文化景观、工业遗产等可能存在于文化线路范围内的遗产种类相重合。"③而《操作指南》2013最新版甚至将"特殊遗产类型"章节全部删除，体现了对入选标准的淡化。这种变化为更多文化线路及线形文化景观列入《名录》创造了条件。

1.2 列入标准实用入选标准频度分析④

世界遗产入选标准是衡量和评价世界遗产完整性和原真性的重要指标，也体现了不同类型世界遗产的内在特质，世界线性遗产入选标准如图2所示。

标准使用频度统计显示，标准iv和ii数量最多，表明文化线路或线形遗产对展示人类历史一个或几个重要阶段价值的肯定，文化线路地理空间绵长，使用维度与文化沉积悠长丰富，理所当然能展现社会经

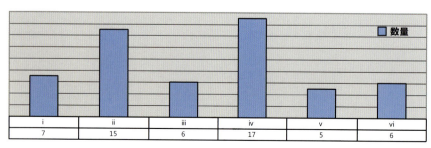

图2 世界线形遗产入选标准（单项）统计图

i	ii	iii	iv	v	vi
7	15	6	17	5	6

济文化的不同发展阶段与水平，亦能保护保存不同规模和级别的单体遗址与文物；此外，沿特定线路的不同群体相互间的交流、交融，的确能对各个节点的建筑、技术、城镇设计、景观设计产生影响。标准v选用频度最低，主要基于其对静态、单体遗产的评价倾向。这一统计结果一方面说明了文化线路自身的遗产特质，也能为我国以后文化线路类遗产申遗的标准选择提供样本和参考。

2 国内文化线路研究与申报、保护实践

我国历史悠久，国土辽阔，四大文明古国的厚重文化为当代留下了丝绸之路、大运河、茶马古道等众多深远影响世界的文化线路遗产。国内对文化线路的关注肇始于李伟、俞孔坚2005年《文化线路——世界遗产保护的新动向》[2]一文，该文是国内系统介绍研究文化线路的开山之作，文章梳理了文化线路概念形成的前因后果，以宽广的视野对比了美国遗产廊道、欧洲风景道等类似遗产保护模式，随之姚小欣等《文化线路的多维度内涵》一文有针对性地比对了国内遗产保护的机制体制，创新性地提出了遗产网络保护的思路[3]。刘小方《文化线路辨析》一文探讨了文化线路的概念的边界，提出了文化线路保护的产权归属与分配[4]。

2.1 国内文化线路研究现状分析

近些年，国际遗产界对文化线路关注度有所下降，以"谷歌学术"的SCI外文资料搜索为例，"cultural routes"主题词搜索结构显示最新文章为2012年发表。此外，2008年后国际社会再没有进行过任何形式或级别的文化线路研讨及专题会议，文化线路CIIC的最官方网站的最新信息更新仍停留在2003年9月10日。

与之相反，国内文化线路研究较为丰富，根据中国知网的最新统计，截至2014年3月1日，共有159篇文化线路相关的研究文章。其中博士论文5篇，硕士论文6篇。为了统计方便，本文选取了"文化线路"研究中被索引的前3篇学术论

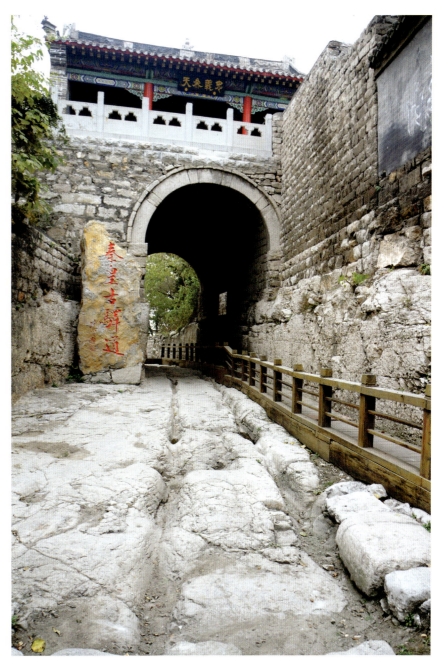

图3 河北省石家庄市井陉县秦皇古驿道　　王琪/摄

表2 文化线路研究被引频次前3及博士、硕士论文一览表[5]

论文类别	作者及单位	论文题目	下载被引频次	发表时间	学科归属
学术论文	李伟,俞孔坚北京大学	世界遗产保护的新动向——文化线路	2525125	2005	建筑学
学术论文	姚雅欣,李小青,清华大学	文化线路的多维度内涵	39643	2006	建筑学
学术论文	刘小方,四川师范大学	文化线路辨析	38224	2006	旅游学
博士论文	丁援,华中科技大学	无形文化线路理论研究(武汉三镇文化聚落)	5930	2007	建筑学
博士论文	田燕,武汉理工大学	文化线路视野下的汉冶萍工业遗产研究	103914	2009	建筑学
博士论文	祝笋,武汉理工大学	文化线路视野下的茶叶之路(湖北段)建筑遗产调查研究	1740	2011	建筑学
博士论文	周剑虹,西北大学	文化线路保护管理研究(丝绸之路)	9090	2011	文博学
博士论文	莫晟,华中师范大学	文化线路视域下的清江流域商路研究	3790	2012	历史学
硕士论文	杨倩,西安建筑科大	京杭运河文化线路徐州城区段沿线文化遗产保护之城市设计基础研究	6476	2006	建筑学
硕士论文	刘小方,四川师范大学	中国文化线路遗产的保护与旅游开发(茶马古道)	15137	2007	旅游学
硕士论文	杨珂珂,中国建筑设计院	文化线路遗产价值评价特性分析	6223	2009	建筑学
硕士论文	吕晓裕,华中科技大学,	汉江流域文化线路上的传统村镇聚落类型研究	1906	2011	建筑学
硕士论文	肖洪未,重庆大学	基于"文化线路"思想的城市老旧居住社区更新策略研究	3541	2012	建筑学
硕士论文	马寅集,安徽医科大学	徽州古道文化线路研究	1740	2012	科技史

文和全部的博士、硕士论文为研究成果代表作(表2)。

由表2的14篇代表论文分析可以看出,建筑学背景的学者(9篇)成为我国文化线路研究的主体,人类学、社会学、经济学等世界遗产研究依存度较高的学科背景学者的介入尚需要突破;学者工作单位的相对集中(5篇作者为湖北武汉籍),也不利于国家视野下大尺度的研究。可喜的是,几乎所有的博士、硕士论文均以文化线路理论为指导开展实证研究,国内主要知名或大型文化线路均有涉及;当应注意的是,期刊论文中翻译、介绍比重较大,文化线路的理论更新与文化线路的中国化研究相对缺乏,文化线路的文化消费、游客体验、社区发展、扶贫与边缘地区经济振兴视野关注还不够,能真正指导具体文化线路遗产申报、保护的研究还不多见。

2.2 国内文化线路遗产申报保护实践

2013年37届世界遗产大会之后,我国共拥有各类世界遗产45项,数量上仅次于意大利的49项,位居全球第二。但从遗产类型的分布来看,静态单体的文化遗产所占比例较高,自然遗产的比例有待提升,系列遗产、文化线路、自然遗产等遗产类型和区域分布有待改善。基于此,国家文物局多次调整和公布了《中国文化遗产预备清单》,将丝绸之路、大运河等文化线路正式列入。

2014年丝绸之路、京杭大运河代表中国政府申报世界遗产已经得到国家相关部门的肯定。这一举措必将极大推动我国文化线路遗产的申报、保护力度。事实上,近些年茶马古道、蜀道等区域性文化线路的遗产申报已经列入当地政府的工作重点。如2012年《四川省文物博物馆事业发展"十二五"规划》正式发布。规划指出,茶马古道、蜀道正在准备申报世界文化遗产。为了切实推进遗产申报保护,政府已经"全面启动茶马古道和蜀道沿

图4 欧洲文化线路研究院(European Institute of Cultural Routes)官方网站截图

图5 江苏扬州大运河东圈门　　　　刘勇/摄

线、古道、古遗址、古城址、古镇、古建筑、古墓葬维修保护工程，以及省内少数民族地区重点文物保护工程"[5]。2013年12月"茶马古道申报世界文化遗产——滇川藏三省区联席会议"在云南丽江召开，会议建议"通过建立茶马古道博物馆、展示馆和茶文化传习馆等方式，为茶马古道的申遗工作贡献力量"[6]。

3 国家文化线路遗产战略构建

众所周知，文化线路是一个文化遗产的巨体系或系统。跨省连国是基本的物理形态，不同于单体静态文物遗址的强属地化管理，文化线路的保护本身就需要打破行政地域的管辖，实现全线域的统筹安排，《文化线路宪章》就"强烈建议联合国教科文组织和其他国际组织建立（财政、技术和物流方面的）合作机制来帮助发展和实施涉及多国利益的文化线路项目"[1]。

因此，从国家层面建构文化线路遗产申报、保护、管理的战略就显得非常必要[7]，国家文化线路遗产战略是以特定文化线路为对象，遵照世界遗产的相关标准，合理遴选、提名、保护符合世界遗产要求的文化线路遗产，根据文化线路保护的轻重缓急和区域社会经济、生态文化发展的整体需要，科学安排文化线路遗产申报、保护先后次序的长远性、全局性工作。

3.1 国家文化线路遗产战略构建的意义

文化线路的内涵是复杂的和多维的，是对原有遗产概念（文化和

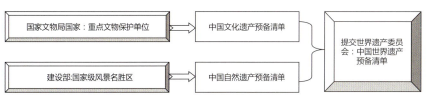

图6 中国世界预备遗产清单生成图

图7 江苏省扬州市广陵区运河边东门遗址　　　　刘勇/摄

自然）和遗产保护质的贡献。一条文化线路在理论层面上可以被表述为在时空轴线上基于移动或交换的动态连续性。另一方面，因尺度的不同，线路实际的大小和线路中有形无形遗产的密度，以及原真性程度都有所不同。此外，文化线路中，很多在空间上拓展了非常大的尺度，从区域层面到跨国、跨洲及全球层级。从这个层面上讲，文化线路的识别、认定都有必要从国家或更高层面进行，以从更高的角度和层面保护遗产的完整性和原真性。

此外，文化线路对于大区域旅游的发展有着显著的意义，因为"地区线路网络的自然、人文环境因此成为文化线路的首要内容，线路被分段和网络节点也都拥有文化线路共同连贯性。探寻这种连贯性与持续性对旅游目的地的形象和可视性而言具有显著意义，文化旅游因此不再受限于一系列游览景点的制约"[8]。文化线路通过提供不同经验之间的联系回应了游客较为全面的体验需要，这也意味着，文化线路被游客旅游消费的过程也是线路本身的认同。因为文化线路的旅行并不仅是游客看了什么，更多的是游客们与当地文化，与自己及所处环境的交流与沟通。因此，旅游者往往会延续线路旅行，这对促进全线域旅游发展意义重大。

国家文化线路遗产战略的制定还有利于大区域生态保护与游客管理，Richards, Russo, Grossman于2008年进行了"东南欧文化走廊"的旅游发展模式尝试[9]，其基本思路是在一个区域内建立包括全系列的创意旅游产品，超越物理线路连接的文化景点的网络，形成"多

表3　中国线性文化遗产一览表

线路名称	线路类型	遗产身份	节点代表世界遗产项	申报保护等级
丝绸之路	交通贸易	预备遗产、国际国家级	兵马俑、莫高窟	申报实施
大运河	水利工程	预备遗产、国家级	西湖、苏州园林	申报实施
茶马古道	交通贸易	国际国家级	丽江古城、三江并流	优先申报
草原之路	交通贸易	国际国家级	元上都、天山	优先申报
唐番古道	交通贸易	国内级	布达拉宫、兵马俑	研究申报
古蜀道	交通贸易	国内级、国家文保单位		研究申报
客家迁徙之道	人口迁徙	国内级	福建土楼	研究申报

目的地线路"。鼓励游客在一个游程中穿越一个或多个国家，通过地区之间的合作策略，有力改变了原有旅游目的地经常视自己周边的景区为竞争对手，从而大大削弱了区域旅游整体发展的问题，使得竞争让位于合作，为众多景区在更大合作区域内推销自己提供可能。

从我国文化线路分布的基本情况来看，社会经济发展相对滞后、少数民族较多的中西部分布、集中了较多的文化线路，文化线路遗产旅游的广泛开展，无疑将在促进西部边疆社会经济发展，提升中华民族整体认同方面起到重要作用，因为"文化线路应当被看成民族团结的象征，沿着文化线路不同的民族曾经分享特定价值和知识，这条历史的纽带，也应该能促进今天民族和社区间新的合作项目开展。"[1]

3.2 国家文化线路遗产战略构建的可行性

国际上，基于欧洲议会与卢森堡政府合作的欧洲文化线路研究院（European Institute of Cultural Routes）[10]已1997年成立。研究院由欧洲议会和卢森堡政府共同授权组建，欧洲议会委托研究院对入选的文化线路进行追踪研究、统筹管理和提供技术援助。通过文化线路保护研究工作的开展，旨在推进欧洲认同，多元文化、少数民族文化的保护，创设宗教间对话，推进民主安全，预防冲突等。线路的遴选及遗产申报次序根据欧洲议会整体发展策略进行优选排序。如其对文化线路的功能定位为"是基于文化和创造力，以可持续发展、公平、包容的原则和根植于促进区域经济社会发展的坚实体制框架的广泛的利益相关者伙伴关系原则为基础的，的互动与经济交流网络"。比较欧洲负责的国家、政体关系，我国在文化线路遗产战略建构上主要是处理地方与地方关系，欧洲文化线路研究院的模式无疑可以为我们提供借鉴和思考。

在国内，关于国家文化线路遗产战略构建的研究，已有不少学者进行了有益探索。俞孔坚等[11]通过将文献研究与专家问卷德尔斐法相结合，判别出了由19个线形文化遗产约250000km线形要素所构成的国家线形文化遗产网络，以期在国土尺度上建立一个集生态与文化保护、休闲游憩、审美启智与教育等多功能为一体的线形文化遗产网络，在中华大地上形成一个彰显民族身份、延续历史

图8 《徐霞客游记》中的西门古道：路上写着"道通台越"的茶亭（浙江，宁海）　　刘德谦/摄

图9 河北省石家庄市井陉县秦皇古道　　　　王琪/摄

文脉、保障人地关系和谐的文化"安全格局"。邹统钎等[12]比对了文化线路、遗产廊道等线形文化遗产保护方式，提出了中国线形文化遗产开发和保护的"统一机构，统一主体"模式。这些研究都为国家文化线路遗产战略构建的可行性提供了扎实的理论基础和前期准备。此外，经过多年的沟通、协调与准备，大运河与丝绸之路的遗产申报也已经为跨区域、跨地域合作整合作了很好探索，这些都在强化和增强国家文化线路遗产战略建构的可行性。

3.3 国家文化线路遗产战略构建的途径

国家文化线路遗产战略构建的目的在于加大我国文化线路的世界遗产申报保护力度，因此首先应理清世界遗产申报的基本程序。根据世界遗产委员会的规定，只有列入《世界遗产预备清单》的遗产项才有资格代表缔约国申报世界遗产。预备清单是由世界遗产委员会各缔约国按照世界遗产评定的标准和细则自行设立，并提交委员会，再由委员会转送咨询机构（主要是 ICOMOS 国际古迹遗址委员会和 IUCN 国际自然保护联盟）评审，评审通过即被认定为权威的预备清单。[13] 我国文化遗产遴选由国家文物局负责，自然遗产归属国家建设部统一管理。我国世界遗产预备清单生成过程如图2所示。依据此程序，国家文化线路遗产战略构建有必要申请国家文物局统一发布国家文化线路类遗产清单，或增加中国世界遗产清单中文化线路遗产的数量。

其次，是在全国范围内遴选既符合世界遗产标准又能代表中国文化线路特色的文化线路类遗产项，依据俞孔坚等2009年专家问卷德尔斐法的调研，全国目前有19项文化线路类遗产项。依据《操作指南》"系列遗产"（Serial Heritage）[13]及文化线路遗产相关规定俞孔坚表中的"丝绸之路、海上丝绸之路、西南丝绸之路"可合并申报，"秦直道、秦驰道"、"长征之路"、"徐霞客游线"、"滇缅公路"、"金界壕"、"长城"、"苗疆边墙（湘西长城）"等不具有文化线路关于长期社会文化交流沟通的基本要求，"虽然是某个时期盛极一时的事件或事物的载体，或是某个特定历史事件或历史时刻的产物"[14]也不能计入文化线路范畴，故首批中国文化线路遗产应为表3所列。

最后，依据各个线路遗产项现有身份（如是否属于中国遗产预备清单，是否为国家重点文物保护单位，是否包含多个在列世界遗产项目，是否具有其他重要保护申报的原因等），排出遗产申报保护的次序，从国家层面建立健全、完善文化线路世界遗产申报保护的整体战略。

注释

① 据刘小方2012梳理统计，国际遗产界共举行9次大型研讨会，会议时间及成果如下：1994年11月，西班牙马德里"Routes as part of our cultural heritage port on the meeting of experts"；1998年9月5-8日，西班牙圣克里斯·德·拉·拉格拉"A cultural crossroads between continents and ICOMOS international scientific committee on cultural routes"，即CIIC成立；1999年5月，西班牙伊比扎"Congress on methodology, definitions and operative aspects of cultural routes"；1999年10月，墨西哥瓜拉吉托"international CIIC/ICCR seminar"；2001年6月，西班牙帕姆劳拉"international congress of the ICOMOC CIIC"；2002年12月，西班牙马德里（国际古籍遗址理事会第11届年会）"Madrid: Consideration and Recommendation"；2003年5月，西班牙马德里"Meeting of expert on CIIC"；2005年10月 中国 西安（国际古籍遗址理事会第13届年会）"Cultural routes: the challenges of linear settings for monuments and sites"；2008年10月，加拿大魁北克（国际古籍遗址理事会第16届年会）"ICOMOS Charter of cultural routes"。

② The cannel may be a monumental work, the defining feature of a linear landscape, a heritage route may be considered as a specific, dynamic tape of cultural landscape.

③ The consideration of cultural routes as a new concept or category dose not conflict with established and recognized categories of cultural heritage. It enhance their significance within an integrated, interdisciplinary and shared framework, it does not overlap with other categories or type of properties—monuments, site, cultural landscape, industrial heritage.

④ 世界遗产入选标准共10项，其中前6项为文化遗产入选标准，具体如下：(i) 代表一种创造性天才的杰作；(ii) 在一定时期内或在世界某一文化区域内，对建筑艺术、技术、纪念物艺术、城镇规划或景观设计的发展产生过重大影响；(iii) 能为一种现存的或已经消失的文明的文化传统提供一种独特的或至少是特殊的见证；(iv) 可作为一种类型的建筑物、建筑群或景观的杰出范例，展示人类历史上一个（或几个）重要阶段；(v) 可作为传统的人类居住地或使用地并代表一种（或几种）文化的杰出范例，尤其是处在不可逆转的变化下，容易毁损的地点；(vi) 与某些事件或现行传统、思想、信仰或文学艺术作品有直接或明显关联，具有突出的普遍意义。

⑤ 数据获取时间2014年2月23日，中国知网以主题词"文化线路搜索"限制条件"题目"，共有171项结果，有效论文159篇，数据索引链接：http://epub.cnki.net/kns/brief/default_result.aspx

参考文献

[1] ICCI, 国际古迹遗址理事会(ICOMOS)文化线路宪章[J]. 丁援 译. 中国名城.2009(5):51-56

[2] 李伟, 俞孔坚, 世界遗产保护的新动向——文化线路[J]. 城市问题,2005(4):7-12.

[3] 姚雅欣,李小青,"文化线路"的多维度内涵[J]. 文物世界,2006(1).

[4] 刘小方, 文化线路辨析[J]. 桂林旅游高等专科学校学报, 2006(5): 622 – 625.

[5] 张莹莹, 大运河丝绸之路申遗进入最关键阶段[EB/OL]. 新华网 http://www.baidu.com/link?url=jsp40YtVncdSoTN1iEp89Ffo09VWhhbR0_ItgfqxeGjiZ9YZdDu_KIwomSH_i26v6l2CobrjBlHdq8ojRhU7x_.

[6] 苏锐. 茶马古道申报世界文化遗产联席会召开[EB/OL]. 中国文艺网 http://www.cflac.org.cn/ys/mjqy/mjwyxh/201402/t20140210_242533.html.

[7] 刘小方, 美丽中国视域下的区域世界遗产战略构建——以西藏自治区为例[J]. 西藏研究,2013(4):57-64.

[8] Majdoub.W. Analyzing cultural routes from a multidimensional perspective[J]. AlmaTourism,2010(2):29-37

[9] Richards, G. et al. Cultural Corridors in South East Europe: Refinement of concept and development of pilot projects[M]. Strasbourg: Council of Europe.2008.

[10] 欧洲文化线路研究院, 官方网址：http://www.culture-routes.lu/php/fo_index.php?lng=en.

[11] 俞孔坚, 奚雪松, 李迪华, 李海龙, 刘柯, 中国国家线性文化遗产网络构建[J]. 人文地理,2009(3):11-16.

[12] 邹统钎, 万志勇, 郑春晖, 中国线性文化遗产开发与保护模式初探[J]. 世界遗产.2010(9):106-109.

[13] World Heritage Committee.Operational Guidelines for the implementation of the world Heritage conventions [EB/OL].[2013-10-2]http://whc.unesco.org/en/guidelines.

[14] 刘小方. 我国世界遗产申报"次序性"问题探讨[J]. 城市发展研究,2009(7):58-62.

大运河扬州段遗产文化价值及旅游开发的思考

A Study of the Cultural Value and Tourism Development of the Grand Canal in Yangzhou

文 / 光晓霞

【摘 要】

本文以大运河扬州段为研究对象，以遗产廊道这一文化遗产类型为切入点，在具体阐释遗产文化价值（唯一性）的基础上，对目前扬州段旅游开发现状作简要分析，并试图利用其中的有效信息，提炼出几点大运河扬州段旅游开发的建议。

【关键词】

大运河；扬州；遗产；旅游开发；思考

【作者简介】

光晓霞　扬州市文物局（申遗办）文博馆员

在我国众多的历史文化遗产中，线形文化景观遗产或类线形文化景观遗产是极为丰富的一个种类。其中，遗产廊道作为一种线形文化景观，不仅关注单体遗产的个体价值和文化意义，而且更重要的是注重遗产保护的整体性，以系统的整体空间组织着手，来实现遗产廊道边界内自然和文化资源的保护和利用。中国大运河，是颇具文化的运河，亦可以通过适当的景观整理措施，联系单个的遗产点而形成具有一定文化意义的绿色通道。

中国水利专家中有一个形象的比喻：大运河就像一只长柄的网球拍。北方运河河道单一，支流较少，而且相对笔直，是这个网球拍的拍柄部分；南方运河河道纵横，支流众多，而且相对复杂，则是网球拍的拍头部分。大运河扬州段，集北方运河与南方运河风格于一身，河道的特色非常鲜明。如宝应运河具备了北方运河的单一与清晰的特质，高邮、邵伯、城区运河又凸显了南方运河的多元化与丰富性的优势，可以说是大运河复杂水网的典型代表。随着国内外旅游热的日渐升温，如何把大运河扬州段遗产的潜在文化价值挖掘出来，并将之运用到旅游开发中去，这是当前许多专业人士和各界民众普遍关心的社会话题。

1 大运河扬州段遗产概述

大运河扬州段地处江淮平原，东以里下河水网地区为界，西与白马湖、宝应湖、高邮湖、邵伯湖等4个湖泊毗邻，北接淮安楚州，南至扬州邗江区瓜洲镇入江口，全长156km，连接了白马湖、宝应湖、高邮湖、邵伯湖和宝射河、大潼河、北澄子河、通扬运河、新通扬运河、仪扬运河等主要河流。早期大运河，充分利用了天然湖泊水域，通过人工挖掘，将天然湖泊连缀成一条畅通的水路。作为帝国物资运输的重要水上通道，大运河扬州段在历史演变过程中不断完善河道的渠化，至今，逐渐成为河湖并行的遗产廊道。目前，在大运河扬州段的遗产区范围内，主要的河道及水工有淮扬运河主线、古邗沟、刘家堡减水闸、高邮明清运河故道、邵伯明清运河故道、邵伯古堤、邵伯码头、瘦西湖等；其他衍生遗产有盂城驿、扬州盐业遗迹、天宁寺行宫（重宁寺）等，另外还有与运河治理有关的历

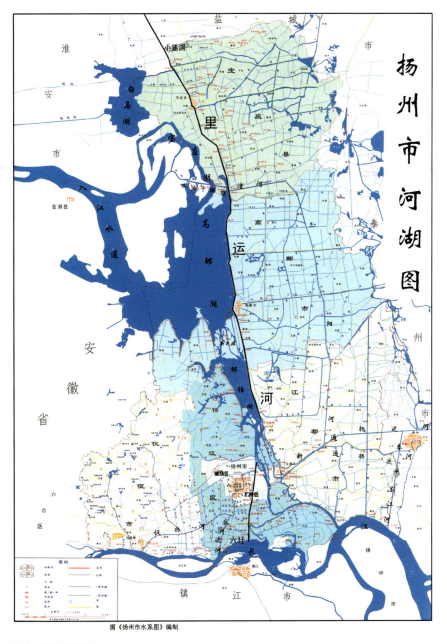

图1 扬州市河湖图

史物证，如铁牛等。

大运河扬州段，以独特的地理优势，关联着南北运河的流通，牵系着江、河、海的交融，在运河发展史上，一直发挥着不可替代的作用，特别是在春秋、汉代、唐代、明清等重要的节点时期，曾作为战争、漕运、盐运等人流或物流的集散中心，为运河发展书写着浓墨重彩的篇章。大运河扬州段的发展史，不仅闪现着古今科技进步的灵光，吸纳着历代官员和百姓治理运河的智慧，也催生了不少与运河发展休戚相关的集镇、街区、建筑、景观，衍生着一系列与运河文化密切相连的小说、诗词、绘画等文化作品，造就出一座盛极一时的运河城市——扬州。

2 大运河扬州段遗产的文化价值（唯一性）

（1）大运河扬州段，是有明确文献记载的大运河中开凿时间最早，沿用时间最长的河道之一。它最早起源于吴王夫差在公元前486年所开的邗沟，在《左传》中有记载："鲁哀公九年（前486年）吴城邗沟通江淮。"西晋时期著名的政治家、学者杜预在《春秋·左传注》中对河线作了描述："于邗筑城穿沟，东北通射阳湖，西北至末口入淮，通粮道也。"大运河扬州段可以称为是一部"大运河通史"，其遗存包含春秋、东晋、隋唐、明清、现代各个历史时期发展的重要元素和信息。这些遗存时间连绵，动态发展，见证了大运河从"第一锹"开始，经历各个历史阶段发展至今的变迁过程，和大运河其他河段有着明显的区别。

（2）大运河扬州段，这条漫长的河道，有无数的码头、船闸、桥梁、堤坝及沿岸的衙署、钞关、驿站、粮仓、会馆、寺庙、园林、民居、街区、城镇及内城水系依次排布，其中，已列入大运河遗产申报范围的有10个遗产点，6段河道，分别是：瘦西湖、个园、汪鲁门盐商住宅、卢绍绪盐商住宅、盐宗庙、盂城驿、邵伯古堤、邵伯码头、天宁寺行宫（含重宁寺）、刘家堡减水闸，里运河（含高邮明清运河故道）、邵伯明清运河故道、古邗沟故道、扬州古运河、瓜洲运河。这些物质遗存品类丰富，数量众多，价值鲜明，几乎涵盖了大运河文化遗产的全部元素，从遗产元素的多样性角度而言，可以毫不夸张地说"大运河扬州段是浓缩了的中国大运河"。

（3）大运河扬州段，作为明清大运河盐业运输的流通要道，见证了当时徽商主宰下盐业经济的鼎盛和中华帝国最后的辉煌。扬州个园、何园、汪氏小苑等盐商住宅，山陕会馆、湖南会馆等盐商集会场所，

图2 大运河扬州段遗产分布图（首批列入）

图3 江苏扬州大运河东圈门的盐商豪宅　　刘勇/摄

白塔晴云、西园曲水、卷石洞天、梅岭春深等"北郊二十四景"盐商休闲区域，以及两淮盐务稽核所、盐宗庙等和盐业发展紧密关联的遗产点，都是盐商们在短时间内聚集人力、财力建成，是清代前期大运河沿线发达的盐业经济所带来的高度商业文明和盐商资本集团的财富集聚对社会文化振兴和城市建设发展作出的特殊贡献，集中体现了盐业经济与国家政治、经济、社会、文化的重大关系，也彰显了这一时期盐业经济和盐商资本集团支撑中国封建集权统治大厦的历史事实。

（4）大运河扬州段位于江、河、海的交汇处，是大运河中水势、地势情况相对复杂的一段，承载了历史上自然与人工结合所创造的伟大成就。黄河夺淮以前真扬运河（今仪扬河）与伊娄河（今瓜洲运河）入江口的水利工程设计与建造技术均在当时处于领先地位，充分证明了当时中国运河水利工程技术的发展水平。所采取的措施之一就是引江水济运，即在真扬运河和伊娄河等入江河段依靠堰、埭、闸等设施引江潮蓄水，调节水位。需要特别指出的是，大运河扬州段的某些技术在运河发展史上是先进、独特和极具代表性的。例如，唐初伊娄河上所建二斗门船闸，是我国早期的船闸雏形。真扬运河入江口的宋代真州闸（复闸）有明确文献记载，既可蓄积潮水，又可辅助船只过港，比欧洲同类船闸早约400年。

（5）大运河扬州段，作为大运河的重要节点，记录了数千年历史时期的文明特点，见证了人口流动和其产生的文化、思想、观念、艺术、传统和科学技术等多方面、多层次的交流，在促进地区、国家乃至国际的文化交流方面，都作出过不朽的贡献。

图 4 扬州瘦西湖　　　　　　　　　　　　　　　　　　　　张晓鸣／摄

扬州是水运时代中国最主要的南北交通枢纽，各式各样的人与物及其所承载的文化、观念、习俗、信仰在此汇聚交融，并随河流的延伸而传播到广阔的地域。以宗教文化思想为例，扬州运河在伊斯兰教和佛教的传播方面，贡献是巨大的。扬州知名的伊斯兰教宗教场所——普哈丁墓园，佛教寺院——大明寺，都是大运河文化交流的独特例证。扬州普哈丁墓园与运河的位置关系，见证了运河在伊斯兰文化传播中的地位，墓葬建筑本身的形制，也是文化交流的产物；而鉴真从扬州起航东渡，向东洋传播中国文化，更是将东方历史和文化达到广泛的交融与传播。

由大运河的自然形态和人文形态而直接滋生出的丰富多样的水调、民间音乐、民歌成为运河沿线城乡民众共同的艺术财富、审美手段和娱乐方式。例如，隋朝隋炀帝杨广开凿大运河曾做《水调》，是人们精神的寄托和感情抒发的方式，是与江河湖海有关联的最富特色、最具代表性的民间音乐曲调，也是劳动者在对生命极限的考验中产生的奔放的生命乐章。大运河扬州段是许多重要文学作品的创作源泉，与运河的发展、繁荣有着密切的关系。在众多作品中凡写到运河沿岸的城市，经常以介绍其实有名胜及人们熟知的典故作为叙述故事的开始，并经常有意识地去描写其最负盛名、最具代表性的名胜、景象及风俗，例如《马可波罗游记》、《三言二拍》、《儒林外史》等。

3 大运河扬州段遗产旅游开发现状

根据《扬州旅游业发展总体规划 2009—2030》，扬州市旅游发展总体布局为"一城一轴四片"。"一城"为扬州主城区，是扬州市旅游资源最为集中、最为精彩的地区，也是大运河扬州段遗产密集区域，几乎涵盖了大运河扬州段城区内的大部分遗产点。在"一城"的打造中，重点突出"一心一线"，即以蜀冈—瘦西湖风景名胜区为核心，将平山堂（大明寺、鉴真图书馆）—瘦西湖景区（宋夹城遗址）—盐阜路两侧（天宁寺、个园、汪氏小苑、"双东"历史街区等）—泰州路—南通西路—徐凝门街（何园）等文化旅游景点进行串联，打造成为扬州市精品旅游线路。"一轴"是指古运河和大运河沿线风光轴。古运河和大运河扬州段南北贯穿扬州全市，主要由城区段、宝应段、高邮段、江都段、邗江段五部分构成。古运河和大运河沿线风光轴以运河为纽带，连接沿岸周边地区众多景点，形成扬州市独具特色的水上游览路线。

大运河扬州段遗产旅游开发的特点，主要表现在以下几个方面：

（1）大运河扬州段现有的旅游开发多以城市园林、文化街区、宗教遗产、历史古迹为主要切入点，未能从"扬州城与运河水"的关系出发，全面解读和立体展现"运河水"这一贯穿扬州历史始终的时代符号所承载的厚重的历史遗产和人文韵味。

从人文环境和历史跨度而言，扬州是中国文化积淀最为深厚的地区之一，其历史悠久、文化发达、文物众多，自春秋肇始，至汉唐鼎盛，经宋元发展，历明清繁荣，充分彰显了一座"通史式"城市所独具的历史延续性，体现着时代变更和历史交叠的清晰脉络。然而，扬州——一个底蕴深厚的历史城市以一种什么样的总体形象展现在旅游者面前，一直是人们持续关注和不断探索的热门话题。就目前的旅游开发现状而言，旅游产品类型繁复多样，几乎囊括了现有旅游行业中的几种典型分类，令人目不暇接。

以城市园林类旅游产品为例，瘦西湖、个园、何园、汪氏小苑等，都属于这类产品的代表。瘦西湖，以一条飘逸而婉转的"银河"为线索，历绿杨城郭、西园曲水、虹桥、小金山、熙春台直到蜀冈下，经"起、承、转、合"四个阶段，完成了一副完美的卷轴画创作。不过，对于这一旅游产品的策划、宣传等方面，多侧重强调景观形成与乾隆南巡期间盐商兴建园林的关系，重视瘦西湖园林风格与杭州西湖的风格比较，其知名度与美誉度多是透过"园林景观"的品牌类型来实现的。个园、何园、汪氏小苑等园林小品也是如此，大多只专注于展示园林价值，而忽视其他。

近年来，对于文化街区的打造，也成为旅游界的热炒对象。扬州"东关街"和"东圈门"，是明清盐业历史发展繁盛在城市留下的鲜明印记，从文化传承、经济带动、民俗展示等多方面，都部分再现了扬州城昔日的盛景。然而，这样的打造，是在借鉴国内其他文化街区开发的基础上进行的，虽然也融入了不少地方特色的旅游内容，但是终究难以突破旅游发展中"千街一面"的困境，无法彰显扬州运河城市历史街区的独特韵味。

另外，天宁寺、重宁寺、普哈丁墓、镇国寺等宗教遗产，宝应湖、邵伯湖、大运河风景带等运河景观遗产，江都水利枢纽、邵伯船闸等水工遗产，盂城驿等大运河其他附属遗产等，虽有局部的开发或者前期的规划，但旅游产品的影响力都不尽如人意，亟须制定或整合更细化的发展方案。

总之，大运河扬州段遗产的旅游产品种类丰富，但重点不突出，数量众多但发展不均衡，仍处于"神散"状态。现有规划和开发也未能在仔细盘点家底，深入挖掘价值，认真提炼个性等方面下功夫、做文章，特别是未能充分阐释出扬州——这一"应运而生，应运而兴"的运河城市所蕴藏的独一无二的景观魅力。

（2）扬州市现有的旅游开发在地理空间上，仅限于在小范围内对旅游资源的整合，对于"大扬州"范围内的旅游线路和旅游产品并未有准确的定位和全盘的把控；多侧重于对市区内业已发展成熟的旅游区域进行改造和提升，对市郊和区县的旅游资源开发的力度不够。

从遗产分布和资源配置角度来看，扬州的旅游开发呈现城区集中，郊县零散的总特征。在遗产数量较为众多的城区，旅游线路的开发相对较少。其中，古运河水上游、乾隆水上游览线、"双东"历史街区游是水陆游览的热门线路，这些线路仍然是围绕"瘦西湖"、"东关街"等城区旅游核心区域展开，是小范围内旅游资源的部分整合，未能形成更大的辐射圈。此外，城区内单个旅游产品也因开发时间、地理位置、遗产品质等多种原因，造成规模和体量的不平衡。例如，瘦西湖、个园、何园、大明寺等旅游产品相对成熟，特别是近年来，相关部门投入相当的人力、物力对遗产进行不断整合和持续保护，使他们在管理、交通、经营等方面的服务品质有持续的提升。而普哈丁墓、卢宅、汪鲁门，或因关注度不够，或因开发滞后等缘由，一直得不到有效的管理，未能充分发挥遗产本身应有的作用，依然保持较弱的旅游关注度。

目前，在旅游产品数量和质量都处于弱势的郊县，旅游开发的力度不够。例如，位于市郊的瓜洲，是大运河入长江的重要通道之一，在历史上曾是"南北扼要之地"，极具文化和历史价值，然而对于这一片区的旅游规划和开发却相对缺乏。江都水利枢纽，作为近现代扬州水利用的典范，除了具备灌溉、排水、通航、发电等经济功能外，其从水工技术和景观环境角度出发，所包含的旅游功能未能发掘出来。还有，历史上著名的运河城市——高邮和邵伯，有大运河沿线现存的唯一驿站——盂城驿，有维护船闸和引航道的安全畅通管理的邵伯船闸，还有仍在继续通航的大运河航道，这些资源都处于未开发或初步开发的状态。虽然之前，在《扬州市旅游业"十五"规划及2015年远景目标规划(2001—2015)》中对高邮湖、宝应湖、引江风景区、滨江旅游区等和运河相关的遗产区域作过相应的规划，但是付诸实施的不多。

（3）扬州市现有的旅游开发，主要偏重对物质文化遗产的"雕琢"，在遗产综合整治、品牌管理、形象打造、效益提升等方面投入较多精力，而对于与物质文化遗产并驾齐驱的"非遗"，这一形式灵活的、最具彰显力的表现方式，缺乏深刻的认识和应有的重视。

扬州传统"非遗"文化具有浓郁的地方特色，自成流派，别具一格，有在国内艺坛独树一帜的扬剧、扬州评话、清曲、木偶戏、古籍刻印、八怪书画；有以选料严格见长，刀工精细，火工考究，色、香、味、形、意俱佳著称的我国四大菜系之一的淮扬菜；有工艺奇葩漆器、玉器、剪纸、刺绣、灯彩、玩具；有全国盆景五大流派之一的扬派盆景等。自成流派的传统文化和古朴纯雅的民俗风情在国内外游客中享有盛誉。这些非物质文化遗产，是人们世代传承，与市民生活密切相关的历史记忆，也是高于生活，与民间技艺关联的宝贵遗产。

近两年，文化部非遗司提出了非物质文化遗产专题博物馆、民俗博物馆、传习所的建立工作。扬州市除富春茶社传习所外，还有清曲传习所、雕版传习所；专题博物馆有玉雕博物馆、漆器博物馆、剪纸博物馆等，这些博物馆对非遗的保护起了推动、展示的作用。雕版博物馆和扬州博物馆合而为一的"双博馆"则是一个综合性博物馆。另外剪纸、刺绣、盆景、彩灯、面塑这类民风民俗的遗产进驻扬州东关街，可以避免单纯的招商引资。虽然这些看起来"规模化、体系化"的非遗展示场所，较之分散、零落的个体化展示点，有较大的进步，然而，这种形式单一、内容僵化的表现方式，如果独立于物质文化遗产之外，始终是"无源之水，无本之木"。因而，在扬州旅游的持续发展中，物质文化遗产和非物质遗产的结合，仍然需要探索一条更适合的路径。

总之，大运河扬州段旅游开发的优势和局限性都是显而易见的，要想突破原有的旅游开发瓶颈，就要寻求一种更为切合扬州遗产历史和现状的新思路，也许确立大运河遗产廊道的旅游开发模式，就是一种可以探索的解决方式。

4 大运河扬州段旅游开发的概念性对策与建议

（1）大运河扬州段旅游开发应围绕"运河与水"为中心和主体，按照突出生态化、人文化的设计理念，打造一个"处处有水景,处处景不同"的遗产廊道旅游新模式。

在旅游开发理念上，重点突出"人与水和谐互动"的亲水特征。充分展现人和水的景观关系是大运河扬州段旅游开发的核心理念。在大运河扬州段旅游的总体规划和细化方案上，都应该凸显这一特征，例如水上廊桥、观景廊架、亲水平台、河滨散步道、自行车道、护岸、栈桥、微型泊船码头、河滨主题公园等等的设置，借此形成因水成街、因水成路、因水成市、因水成景、因水成园的构架，体现拓展水岸艺术空间的景观构想，让市民、游人能与水亲密接触，满足人们对亲水性的要求。

在旅游开发策略上，着力表现"文化扬州与水运扬州"的景观内涵。把城市水景观建设与城市水环境治理有机结合，将地方历史文化、水文化、现代文化等切入到旅游开发的理念中，是大运河扬州段旅游发展的一个关键环节。一是以"护其貌、美其颜、扬其韵、铸其魂"为原则，保护和整合唐城、宋城、明清古城等古城遗址和历史河道。二是通过利用主干道与水域景观廊道

图5 东门里的东关街 刘勇/摄

交叉的空间节点,设置一些具有文化内涵的茶室、亭廊、小品、雕塑,尤其建造一些历史景观桥。结合各河道的水域特色及其所蕴含的人文艺术与文化内涵,塑造浓郁细腻的都会水系概念,突显扬州高品位水岸空间印象。三是以精心的空间概念规划、空间机能设计,大量运用扬州市树、市花编织出春、夏、秋、冬四季的韵味。四是建设扬州城市水环境展览馆,对扬州水文化的发端和演变等进行集中展示,使之成为水上扬州、文化扬州的缩影。

(2)大运河扬州段旅游开发应围绕以"运河与水"为中心和主体,以"宝应—高邮—邵伯—城区水系"为地理轴线,以"高邮历史文化区"、"芒苣湾生态园林区"、"瘦西湖文化景观区"等为重点区域进行空间布局,形成一条颇有韵味的绿色生态廊道。

大运河扬州段旅游资源的开发应以"点—线—面"为规划的基本依据,充分展示一个在"点"的丰富性,"线"的明晰性,"面"的系统性三方面,都能立体呈现景观构图的巧妙思路。在"点"的丰富性方面,大运河扬州段旅游资源既有高邮明清运河故道、邵伯明清运河故道、瘦西湖等与运河水系直接相关的河道遗存,又有邵伯老船闸、宝应刘家堡减水闸、邵伯古堤、邵伯铁犀等体现运河变迁的水工遗存;既有天宁寺、重宁寺等宗教文化遗产，又有个园、卢氏盐商住宅等盐业历史遗迹……这些运河旅游资源类型多样、历史久远、遗存完整，能从科技、艺术、宗教、文化等方面呈现一个与大运河水乳融合的"历史扬州"。

在"线"的明晰性方面，大运河扬州段旅游资源是以淮扬运河主线为主体脉络，涵盖其他与运河相关的水系，自北而南，呈倒"T"形排布于河道沿线。北面宝应、高邮、邵伯遗产点以水工河道类遗产为主，品种单一，数量较少，但是沿途水面时开时合、张弛有度，适合利用水系的线形特征，可开通运河游船，打造大型的运河水上景观游览项目。南面茱萸湾、城区段遗产类型变化多样，数量众多，必须从"水陆"并重的思路出发，将传统的古运河游览与历史街区、宗教遗产、盐业遗迹线路结合起来作综合考虑。

在"面"的系统性方面，大运河扬州段旅游资源是按照"空间为主，类别优先"的方式划分的。在运河河道沿线的重点景观区域分别设置"高邮历史街区"、"邵伯水科技文化区"、"茱萸湾生态园林区"、"瘦西湖文化景观区"、"扬州城遗存风貌区"、"瓜洲江河水系区"等功能区。每个区应具备区别于其他区域的景观个性，有相对独立的文化主题。例如，高邮历史街区就是要以大运河高邮段的水系为依托，以大运河现存唯一驿站——"盂城驿"为中心，以高邮明清运河故道、南门大街、镇国寺塔等运河相关遗产为对象，规划一个相对系统化、完整化的遗产景观带。又如，扬州城遗存风貌区就是要在城区内，以设置旅游线路，打包旅游产品，整合旅游消费等方式将运河宗教遗产、历史文化街区、盐业历史遗迹串联起来，兼顾遗产的空间属性和文化类型，竭力营造一个与众不同的城市遗产区域。

（3）大运河扬州段旅游开发应围绕以"运河与水"为中心和主体，以"非物质文化遗产"为灵魂，将"扬州清曲"、"扬州剪纸"等非物质文化遗产与"东关街""瘦西湖"等物质文化遗产结合在一起，让两种个

图6 扬州瘦西湖河道　　　　　　　　　　　　　张晓鸣/摄

图6 扬州瘦西湖白塔　　　　　　　　　　　　　　　　　　　　　　　　　　　陆志刚、李牧／摄

性不同的遗产形式能相互依存，又各具特色，成为扬州城一张靓丽的历史文化名片。

扬州的非物质文化遗产是悠久历史文化积淀下来的精髓，在各个方面都取得了独特而又富有魅力的成就。灿烂生辉的工艺美术、精彩纷呈的戏剧曲艺、巧夺天工的各色技艺、博大精深的学派画派，以及别具一格的盆景、花卉、烹饪、民俗等等，具有很高价值。当今，对于这些遗产，多数是利用录音、摄影、录像、电影等影视录音技术和手段，全面、系统地记录整理和宣传展示。然而，生动、鲜活的非物质文化遗产，倘若只通过单一、固化的表现形式不足以展示其艺术魅力。

非物质文化遗产是一种技能、技艺和知识。一方面，它的充分利用应依托于物质载体，特别是物质文化遗产。比如要利用园林景点、历史街道、水上游览线等作为平台，通过静态展示、现场表演等方式，将两种遗产有机结合，并逐渐融合到地区的旅游整体形象中。具体来讲，如利用瘦西湖展示"扬州盆景"文化，何园展示"扬州剪纸"文化，利用东关街展示"淮扬菜"文化，利用大明寺展示鉴真文化，利用古运河展示扬剧等。另一方面，它的充分利用也应注意选取恰当的时间点或者时间段。如在举办和非物质文化密切相关的专题展览会、交流会期间，在举办和地方文化旅游密切相关的"运河博览会"、"文化遗产日"、"烟花三月节"等重大活动期间，或在旅游旺季及其他定期不定期的集会、交流会期间。

参考文献

[1] 王志芳等．遗产廊道——美国历史文化保护中一种较新的方法[J]．中国园林，2001(5)．

[2] 宋立．滨水历史文化名城水资源转化机制研究——以扬州为例[D]．扬州：扬州大学，2009．

[3] 田勇．扬州市旅游产业集群的SWOT分析及发展策略研究[J]．徐州建筑职业技术学院学报，2010(4)．

[4] 王金辉．扬州市水生态存在的问题及对策探讨[J]．水利建设与管理，2012(3)．

[5] 宋立，邱小樱．旅游城市水文化品牌形象策划与创意——以"水韵扬州"为实例[J]．商场现代化，2008(1)．

[6] 潘长宏．浅谈扬州水文化资源及开发利用[J]．经济师，2009(12)．

[7] 扬州市城市总体规划（2009-2020）纲要[R]．

[8] 千年水系，生态扬州

绿道·风景道·游径　　Greenways, Scenic Byways & Trails

旅游景区游步道设计探讨

A Discussion of Trail Design in Tourist Attractions

文 / 李 宏

【摘 要】

游步道是景区旅游服务接待设施的重要组成部分，本文以游步道为研究对象，从游步道的定义、功能入手，分析游步道设计影响因素，设计原则、设计内容，并对景区游步道的规划未来发展方向进行了探讨。

【关键词】

旅游景区；游步道；景观生态

【作者简介】

李 宏　首都师范大学资源环境与旅游学院 副教授

图1　北京莲石湖公园　　　　　　　　　　　　　　　　　　　　　　　　　　　　　　　李宏/摄

　　游步道是景区旅游服务接待设施的重要组成部分，它相当于人体血液循环系统，将景区中所有景点、设施有机联系起来，形成了一个紧密联系的网络。与此同时，游步道自身也是景区靓丽的景观，以其多样性、生态性、艺术性于无声处吸引着旅游者在景区内放松身心，开展各种游憩活动。景区内各种游憩活动的开展均以游步道为基础。如果没有游步道，景区内任何休闲游憩将无法开展。

　　本文以游步道为研究对象，从游步道的定义、功能入手，探讨游步道设计影响因素，设计原则、设计内容，旨在厘清游步道的概念，为游步道的设计提供参考。

1 概念、功能与类型

1.1 概念辨析

　　游步道与游径、园路、生态步道、自然小道、人行小径概念比较容易混淆。据《中国旅游大辞典》，步道，又称"游步道"，指位于自然的、历史的景区或公园等户外场所，沿途有重要景观和资源，能提供户外步行活动需求或景点间通达的通道。[1]与"步道"相类似的概念是游径，它有广义和狭义之分，广义的游径指凡是能够为人们提供游憩活动的通道；狭义的游径指位于自然的、历史的景区内，沿途有重要景观与资源，能为旅游者提供步行、骑马、自行车、轮滑等户外活动需求的通道。步道与游径的区别在于允许开展活动有所不同，游径不仅可以用于步行，还可以骑马、轮滑、骑自行车和通车。可见，游径所指范围、用途包括了游步道。目前，北京的绝大多数公园（如龙潭公园、紫竹院公园）中的园路均属于游步道，而非游径（图1）。

　　园路泛指旅游景区的道路。弗雷德里克·奥姆斯特德（Fredrick Olmsted）于1865年就提出了"公园路"（parkway）的概念[2]，是专为马拉车准备的交通方式。生态步道是专门用于人们步行、骑自行车、骑马或其他形式的娱乐和运输

图2 印度尼西亚巴厘岛宝格丽酒店登山步道　　谢川/摄

的道路绿地,用来连接城市主要功能区(商业区、住宅区、工业区)及各类公园绿地和城市主要开放空间的步行道路系统。自然小道(nature trail)通常是指向性的:小道的布局、小道的路面状态及其标示信号将游客引向预期地点。[3]人行小径是进入、环绕和穿越生态景区的路径。从定义分析,园路的概念包括了游步道,生态步道与游径概念基本相似,但生态步道不仅分布于公园绿地,而且用来连接城市主要功能区。自然小道与人行小径只是游步道的另一种称谓而已。

1.2 功能与类型

1.2.1 功能

园路的一般功能需要通过不同类型的游步道来体现。游步道的功能作用是:

①分隔空间。游步道把景区分隔成各种不同功能的区域区,同时各种结构形式的游步道系统,把各功能区联系成一个整体。

②引导游览。旅步道强调路线的可通达性,方便游客到达某一景点,观赏周围的地域风情,同时也巧妙地引导游客避开一些不宜前往的区域。

③组织交通。游步道是连接各个景点的纽带,分布于景区内建筑、高地、树丛、水体、园林小品之处,诱导游人从不同线路,不同方位去观赏景观。

④自身构成园景。游步道通过各种线形、铺装材料、照明灯具、标识符号等,丰富了游步道的视觉效果及美学特征。

⑤为水电工程打好基础。景区内所有的水电气及通信设施,以及为游客提供观景、健身、露营、避雨的设施均沿游步道而设计,游步道的布线为水电工程设计、维护奠定了基础。

从景观生态学考量,游步道作为景观廊道,还具有通道、屏障或过滤、生境、源和汇5个基本功能。[4]

1.2.2 类型

按游步道宽度,游步道分为主路、支路、小路三种。主路贯穿园内的主要景区,形成全园骨架,连接主要入口及主景。支路联系各主路,到达重要景点及一切主路以外的各路线。小径是支路不能到达之处。因此，有的研究者把小径当作游步道，认为游步道是公园或游园内的最低层或最小区域空间的步行联系通道。主路、支路、小路的宽度路幅决定于该园的面积规模、游人量以及流通的方式不同。

按人们的运动方式，游步道分为休闲步道、健身步道、慢跑步道、教育步道。根据步道所处的场所及功能，分为公园健身步道、登山步道、滨水步道、景区步道等。[1]登山步道分为山野型、纪念型步道。按难度，香港郊野公园的游步道划分1~5星。

《生态旅游的绿色实践》一书中，将绿色景区的人行小径分为天然小径、生态小径、探险小径3种类型。天然小径用碎石、石灰石铺设的小径，环绕绿色景区四周或连接各种设备。生态小径用于连通各种设施且破坏作用很小，或迂回弯路较少。探险小径只为身强体健的人使用，是通往景区

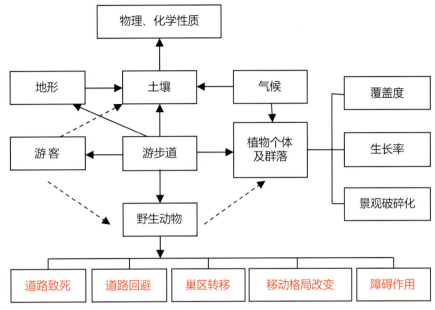

图3 游步道影响分析示意图

图4 北京奥林匹克森林公园乐跑健走道

陈静/摄

各处的最坚硬的小路。

2 游步道设计影响因素

2.1 游步道带来的影响因素

景区所有游憩活动的开展，如登山、观鸟、健行、远足、露营、森林浴等，均以游步路为基础。因此，游憩活动对景区环境产生负面影响集中体现在游步道及其附近。游径的构建方式、空间格局在很大程度上决定了旅游对环境的影响程度。[5] 从景观生态学的角度上看，道路是作为景观的廊道而存在，道路的引入增加了景观的破碎化，从而破坏了景观的稳定性。[6]

游步道对景区环境的负面影响分为建设性危害、利用性危害两种类型。

游步道的施工过程，首先是对景区地形、土壤条件产生影响。在地形起伏较大的景区，铺设人工步道改变了微地形环境和土壤的理化性质；其次，游步道建设破坏了珍稀濒危植物的栖息环境，影响其植物分布、种类组成和层次结构，减少了生物多样性；再者，道路的修建使沿路两侧形成新的林缘，原来生长于此的阴生植物和对湿度敏感的动物会消失，先锋的 r- 对策种会很快侵入并建立种群，也为有害生物的入侵提供了可能。[7] 游步道建设因视觉干扰、噪声干扰、污染物排放等对野生动物个体、种群的产生危害，表现为生境回避与巢区转移行为。道路对几乎所有动物都起到障碍和过滤作用。道路仅为 2.5 m 时，甲虫 (Caraid beetle) 和狼蛛 (Lycosa) 不能通过，小型哺乳动物通过轻度利用的 6～15 m 道路的概率仅为同一生境内移动概率的 10%。道路宽度和交通密度是障碍影响的主要参数，道路面积和道路位置一定程度上也决定了障碍作用的大小。[8] 一些小动物如蜗牛、蚯蚓、甲虫等

图5 北京香山公园游步道　　　　　　　　　　　　　　　　　　　　　　　　　李宏 / 摄

图6 四川甘孜州九龙县瓦灰山保护区游道　　马倩/摄

也难以迁移到路面的另一侧（图3）。

游步道的利用性危害表现在景区旅游接待过程中，产生的负面影响。最常见的景观冲击是随游客四处散布的垃圾，造成美学上的破坏；许多游客喜欢在树木、石头上刻字，或为一己之利任意损害各类地形景观，也是常见的冲突。

践踏影响步道外观，产生捷径和裸地，阻碍原来动植物优势种的生长，并为外来物种的侵入提供有利场所。不同类型的植被对践踏的抵抗能力不同，一般来讲，草地的抵抗力大，其次是疏林，然后是密林（Dale D. et al., 1974）。践踏的季节和时机对物种结构的恢复和生长的影响具有显著差别。[9] 对陡坡、小径表面枯枝落叶层的践踏，会使土壤有机物质锐减。如 Burden 和 Randerson 在英格兰自然小径上观察后发现，一周内通过小径上的人为8000人，枯枝落叶的体积减小了50%。[10] 践踏也增加地表径流，造成水土流失和生境退化。在鼎湖山自然保护区研究发现，游憩步道边缘土壤动物只有1917个类群，显著少于远离步道的2316个类群；土壤节足动物群落生物量步道边缘平均为415g/m^2，小于远离步道的平均值1010g/m^2。[11] 香山公园游步道冲击状况见图4。

对动物而言，人类干扰是一种刺激形式，或者是一种捕食风险，动物通过警戒行为适应人类干扰。[12] 在美国科罗拉多，麋鹿和骡鹿的冬季生殖地远离步道200m以上。[4] 一些攻击性的动物如家猫、浣熊和臭鼬会沿着林缘深入林中捕食，致使距林缘数百米深处的鸟类不能成功繁殖。[13]

游客活动的区域和频次是影响动物干扰反应的因素。在空间分布上，游径的影响是线状的，距路径越远所受的干扰越小。[14] 游客深入的范围影响了欧亚金珩（Pluvialis Apricari）巢的分布，在重造旅游路径后，绝大多数游客留在路上，而不再四下走动，研究人员可在路径

50m 以内发现的巢，而铺路前发现的最近的巢距游径也有 200m。[15]

游客群体的大小也影响干扰程度，两人或多人组成的游客群要比单人游览引起的鸟类行为反应更强烈。[16] 对普达措国家公园旅游干扰与鸟类多样性及鸟类取食距离之间的关系的研究结果显示：村庄鸟类多样性最高，观光公路次之，旅游步道的鸟类多样性最低。[17] 游憩干扰也会造成短时间的鸟类行为及移动方式改变，尤其快速移动的慢跑者比慢速的登山客造成更多的影响。[18]

也有研究认为森林生境鸟类群落受游憩活动影响不强烈，19 种鸟类中 5 种营地巢鸟多在森林内部分布，而避开干扰频繁的生境，但游憩区和路径附近鸟类的总体密度和物种丰富度反而高于森林内部，可能由于这些区域有适合的郁闭度，尤其野餐区会有丰富的食物垃圾。[19]

2.2 游步道设计考虑因素

基于上述游步道负面影响的分析，景区游步道设计着重考虑以下因素（以自然类型景区为例）：

2.2.1 自然地理因素

包括地质、地貌、气候、水文、动物、植被空间分布特点，以及季相变化特点。山岳型景区，游步道应引导游客远离悬崖、深谷。

2.2.2 旅游吸引物因素

包括地质地貌、天象、水文、动植物、人文景观的类型及空间分布特点。所谓环境敏感和脆弱区域，一是珍稀濒危动物、植物区系栖息地，二是植被稀疏、易发生地质灾害（如石海）的分布区域，三是水陆、林农、农牧、林草等生态交错区。为了强化景区环境管理，游步道建设、利用过程，应避免给这些区域的地质地貌、动植物造成干扰，或者对景观造成破坏。

2.2.3 旅游设施分布

游步道是连接各个景点的纽带，要和附近的各种设施相配合，方便游人使用观景亭（平台）、露营区、运动区、观光游乐区、洗手间等设施。现有游步道的空间分布、使用频率、通达性也是必须考虑的因素。

2.2.4 游客行为特点

游客群体规模大小、活动区域对游步道的要求也不同，对游步道附近植物产生的干扰、践踏效果不同，对鸟类、哺乳动物和土壤微生物的影响也不同。

2.2.5 游步道布局形式

游径布局类型包括线形、环形、多环式、卫星式、车轮式、迷宫式布局。[2] 线形适用于地形起伏大、交通不便的森林公园、自然保护区；环形、多环形适用于地形比较平坦、游客较多的城市公园，以便将游客疏散到不同区域。卫星式从中心向边缘发散，比较适合于服务接待设施分布于沟谷洼地的景区。游步道布局形式影响不同功能区的开发规模，旅游设施的布局，游客活动区的诱导。

3 游步道设计原则、内容

3.1 设计原则

游步道设计应遵循文化为魂原则、环境补充原则、安全性原则、景观美学原则、

3.1.1 文化为魂原则

如果设计重点仅停留在游步道自身，忽略游步道产品的核心体验价值，游步道产品就变成了一具无血无肉的空壳骨架。文化是游步道产品的灵魂和肉体，应从挖掘游步道相关民俗、交通文化，形成完整、有主题的有机产品。[20]

3.1.2 环境补充原则

传统的道路规划大多从人类开发利用的角度设计，并没有考虑其生态影响以及对这些生态影响予以补偿。[8] 游步道的生态化设计，应尊

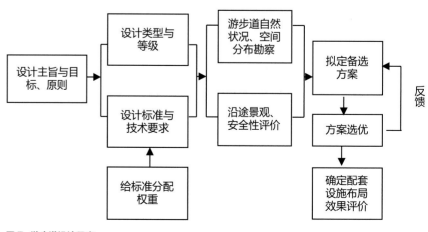

图 7　游步道设计程序

重自然，融入自然，与目的地地形状况相适应，有利于野生动植物的栖息地和活动规律，降水通过土壤过滤能够减少其中污染物质。荷兰的"回避→减轻→补偿"模式，以其对自然生态网络和自然过程的保持和恢复以及生物多样性的良好保护，而成为较经典的道路和自然保护规划。[4]

3.1.3 景观美学原则

西蒙兹（1990）认为："一条出色的道路给旅行者带来舒适、乐趣和愉快。"其位置要有利于欣赏风景和该地风景特征，避开对自然背景的阻挡或遮蔽。游步道设计应植根于环境，注重用景观学方法加强竖项设计，通过引导人在特定区域行进来控制人在园林作品中的视觉体验。[21]

3.1.4 个性化原则

对任何一个没有被灌输其他思想的人来说，筑路的细节是和周围存在的景观格局相适应。道路标准化是一种误解，道路的设计应该植根于环境。[22]

3.1.5 安全性原则

对游步道沿线的安全性进行详细勘察，列出脆弱的特征并估计游客的环境影响。游步道应让人舒适行走的宽度和平坦度，避免陡坡、泥泞和有利障碍物。

3.2 设计程序

游步道设计程序（图7）：

（1）拟定游步道设计主旨与目标、设计原则；

（2）确定游步道类型与等级、设计标准和技术要求，并对设计标准通过经验或专家调查法确定权重；

图8 地面铺装　　　　　　　　　　　李宏/摄

（3）基于GIS、遥感技术，对旅游吸引物、游步道、管理设施分布状况进行踏查，并对游步道沿途的景观、安全性进行评价；

（4）景区目标群体游憩行为调查；

（5）拟定的多个备选方案，通过方案选优，评选出满意的方案；

（6）确定休憩设施、解说设施、卫生设施的适宜位置。

3.3 设计内容

游步道规划应以旅游美学、环境心理学、道路生态学、景观生态学及景观设计理论为指导，充分体现旅游步道的生态性、观赏性、安全性。游步道设计内容包括线形规划、铺装设计、植物景观、配套设施设计等内容。

3.3.1 线形规划

游步道的选线应遵循"以景定路，以路串景；依山就势，错落有致；隐显结合，曲直并举；宽窄不一。陡缓结合"的原则。[23]选线定线的方法，一是尽量走平缓地方、山脊线等，利用地形展线，不做大填大挖，避免深沟、悬崖、岩石等地质不良地段。二是考虑排水和防护等因素。[24]游步道穿过林地时，应优先考虑经过林分稀疏的地方，避开生态敏感区域，避免占用生境走廊，促进物种迁移，保持生境之间的基因流动。[7]

在有景的地段，把最好的画面分别展示在园路的对景上。少景的地段，一般先定路后设景。游步道只在某些景点靠近河流，不宜长段沿河流修路。根据生态化游步道设计要求，一般长0.5～1.5km为宜，步行时间0.5～1.0小时。城市公园主路纵坡宜小于8%，山地公园应小于12%。支路和小路纵坡宜小于18%，纵坡超过15%路段；纵坡超过18%，宜按台阶、梯道设计。

3.3.2 地面铺装设计

游径系统的路面铺装以功能性为指导，实现功能性、生态性和艺术性的完美结合。铺装材料应"因地制宜，就地取材"，采用块料铺地、碎料铺地和异型路等铺装形式。块料铺地可用各种天然块料或各种预制混凝土块料铺地；碎料铺地可用各种树皮、木屑、秸秆、碎石、瓦片、卵石等拼砌形成美丽的纹样；异型路的汀步、步石等应按照行人的平均步幅来规划，宽度、距离要符合大多数人的行走习惯(图8)。[25]

3.3.3 植物景观设计

植物景观是游步道设计的重要内容，重视林缘处小地形的处理，沿林缘营造各种复层混交的群落。植物配置以乡土植物为主，采用小群落、大混交，提高林分在成林后生物多样性和生态系统稳定性[7]，体现原始、自然、野趣(图9)。城市公园绿地绿化之前，允许游客自由选择行走路线，当形成了若干条固定线路后，再对游步道之间的绿地加以绿化，这种方法形成的游步道选线合理，绿地维护成本较低。

3.3.4 配套设施设计

配套设施设计包括观景设施、给水排水系统、照明设施、解说系统、休憩设施等设计。在游步道系统中，根据生态性、亲水性、合理性、参与性原则，确定适宜的景观节点，设计相应的景观设施。配套设施应起到衬景不夺景，添景不煞景的作用。休憩设施除了为游客提供休息、观赏美景的作用外，还起到延长游客停留时间的作用。应根据游客生理心理特点，每隔800～1000m设置一些休憩设施。

3.3.5 环境容量设计

"路是人走出来的"，人多的区域游客密度大，游步道的环境容量要与之相适应。在目前游步道游客密度比较大的区域，满足当前需求比先建路再创造需求更能有效地利用资源。根据景区游步道长度、宽度、游客利用率制定合理的环境容量。主次分明，疏密合理，布置有度。

景区游步道的规划未来发展方向：功能专一化，如香港郊野公园游步道分为远足径、郊游径、家乐径、自然教育径、树木研习径、健身径等；二是路线联合，实习一线多游；三是构建游径系统，实现不同景区游步道系统从分散到综合的转变，如香港的麦理浩径串联起8个郊野公园。北京东坝、常野、京城槐园3个毗邻的郊野公园，完全用游径系统串联起来，开发远足线路。

图9 北京朝来森林公园　　　　李宏/摄

参考文献

[1] 邵琪伟.中国旅游大辞典[M].上海：上海辞书出版社，2012：652-653.

[2] 洛林·Lab·施瓦茨，查尔斯·A.弗林克，罗伯特·M.西恩斯.绿道规划·设计·开发[M].北京：中国建筑工业出版社，2009：208-210.

[3] 保罗·伊格尔斯，斯蒂芬·麦库尔，克里斯·海恩斯.保护区旅游规划与管理指南[M].张朝枝，罗秋菊，译.北京：中国旅游出版社，2005:126.

[4] 李月辉，胡远满，李秀珍，等.道路生态研究进展[J].应用生态学报，2003，14(3)：447-452.

[5] 葛小东，李文军，朱忠福.网络有效性——评价旅游活动对环境影响的一个新指标[J].自然资源学报，2002，17(3)：281-386.

[6] 徐化成.景观生态学[M].北京：中国林业出版社，1996:126.

[7] 朱元恩，吕振华.基于生物多样性的园路规划[J].长江大学学报(自科版)，2005，2(11)：42-46.

图10 黄山山道　　　　　　　　　　　　　　　　　　　　　　　　　　　　　王琪 / 摄

[8] Forman RTT and Alexander L E. Roads and their major ecological effects[J]. A nnual Rev Ecol System, 1998,(29)：207～231.

[9] 肖笃宁, 李秀珍, 高峻, 等. 景观生态学[M]. 北京：科学出版社, 2003:14.

[10] 卢云亭, 王建军. 生态旅游学[M]. 北京：旅游教育出版社, 2001:256.

[11] 罗艳菊. 旅游活动对森林生态系统结构和功能的负面影响[J]. 江西林业科技, 2002（4）：40-42, 48.

[12] 李春旺, 蒋志刚, 汤宋华. 散放麋鹿的警戒行为模式——警戒距离及其季节差异[J]. 动物学报, 2006, 52(5)：942-947.

[13] Primack R. 保护生物学基础[M]. 季维智译. 北京：中国林业出版社, 2000:136-145.

[14] Cole D N. Environmental impacts of outdoor recreation in wildlands[M]. Manfredo M J, Vaske J J Bruyere B L et al. Society and natural resources. Jefferson, Mssouri：Modern Ltho, 2004:107-106.

[15] Finney S K, Pearce-Higgins JW, Yalden D W. The effect of recreational disturbance on an upland breeding bird, the golden plover (Pluvialis apricari)[J]. Biological Conservation. 2005, 121：53-63.

[16] Geist C, Liao J, Libby S et al. Does intruder group size and orientation affect flight initiation distance in birds?[J]. Animal Biodiversity and Conservation,2005, 28 (1)：69-73.

[17] 马国强, 刘美斯, 吴培取, 等. 旅游干扰对鸟类多样性及距离的影响评价——以普达措国家公园为例[J]. 林业资源管理, 2012（1）：108-114.

[18] Bennett K A, E Zuelke.The effects of recreation on birds：a literature review[R]. Smyrna：Delaware Natural Heritage Progam, 1999.

[19] Rodgers J A, Schwikert S T. Buffer Zone Distances to Protect Foraging and Loafing Waterbirds from Disturbance by Airboats in Florida[J].Waterbirds, 2003, 26(4)：437-443.

[20] 朱忠芳, 兰思仁. 基于文化视角的森林公园游步道产品设计——以福州国家森林公园为例[J]. 福建林业科技, 2011, 38（1）：128-131.

[21] 理查德·L. 奥斯汀. 植物景观设计元素[M]. 罗爱军, 译. 北京：中国建筑工业出版社, 2005:70.

[22] 汤姆·特纳. 景观规划与环境影响设计[M]. 王珏, 译. 北京：中国建筑工业出版社, 2006:312.

[23] 汪言盛, 范兴毅. 试析黄山风景区旅游步道的建设标准[J]. 工程建设与设计, 2008(3):82-86.

[24] 李纪友. 森林公园步行道总体设计探讨[J]. 林业建设, 2005(3):18-19.

[25] 高国静, 秦安臣, 赵志江, 等. 农业观光园道路规划主要技术指标的研究[J]. 西北林学院学报, 2009, 24(2)：197～200.

从京西古道到国家步道——浅谈《北京门头沟国家步道系统规划》的形成

From the Jingxi Ancient Path to the National Trail: A Brief Analysis of Planning of the National Trail System in Mentougou in Beijing

文 / 安全山

【摘 要】

京西古道是北京市最大规模的文化线路遗产，是可以用作发展旅游文化休闲产业的宝贵资源。以京西古道为本底，辟建北京门头沟国家步道系统，对保护和利用文化线路遗产资源，发展旅游文化休闲产业，开展市民户外健身及绿色出行活动，具有重要意义和开创性及示范性。在编制"门头沟国家步道系统规划"过程中，重实地踏勘调研，重专家团队尤其是地方知情人参与，重反复深入讨论，使"规划"更为切实可行。

【关键词】

京西古道；国家步道；旅游休闲；规划调研

【作者简介】

安全山　　北京永定河文化研究会、区民俗协会副会长
　　　　　京西古道文化发展协会名誉会长
　　　　　京西古道文化创意工作室主任

注： 本文图片均由作者提供

图1 黄草梁古道、长城、楼

北京西部群山（太行山系北京西山）之中，至今遗存着大量的古、近代道路，既有古人类迁移通道之永定河廊道，也有连接北京和河北张家口等地区的商旅古道、连接京西关口防御系统的军旅古道和由庙会活动产生的进香古道，还有清末或民国初修筑的运煤铁路、侵华日军所谓"警备路"和中共地下交通线等，人们统称之为京西古道。这些古道或者说是故道，在人类社会发展史上发挥过重要作用，也串联或承载着丰富的物质和非物质文化遗产，按照联合国教科文组织《保护世界文化与自然遗产公约实施指南》的相关定义，可列为文化线路遗产。为了挖掘和研究这一文化线路遗产，近30年来有一批文化爱好者进行了不懈努力，并取得了丰富的考察与研究成果；为了保护和利用这一文化线路遗产，北京市及门头沟等区已投资数千万元采取了一些措施；为了游览和体验这一文化线路遗产及其有关联的人文与自然景观，众多驴（旅）友踏上了走古道的旅途，也有人付出了不应有的代价；为了开发和拓展这一文化线路遗产的旅游与市民户外徒步运动之特殊价值，同时也为规范线路和规避风险，借鉴国内外相关经验，门头沟区委、区政府作出决策，以京西古道遗存及路线为基础，辟建门头沟国家步道系统，并委托有相关经验的公司及专家团队，编制《北京门头沟国家步道系统规划》。笔者有幸参加且感触颇多，其中最为重要的一点是：在明确目的和相关概念的前提下，为他人"走"而作的规划，规划者自己要先走；在此基础上，再经过反复、深入的调查研究，才能保证规划的科学性与可操性；在实施过程中，还要作进一步的深入调查和微调与完善。事实上，《北京门头沟国家步道系统规划》的编制和实施，也正是这样做的。

图 2 十字道关城

1 明确目的，搞清概念，准确定位，是编制规划的前提

2004年首都总体规划中，门头沟区的功能定位是生态涵养发展区和西部综合服务区。据此功能定位，门头沟区调整产业结构，在几年之内，关停了原来作为经济支柱产业和有着上千年历史的煤矿和非煤矿山，实行退耕还林及弃牧管林；在重新进行资源评估的基础上，提出了以旅游文化休闲产业为主导产业的发展战略，进而提出"全域景区化"的奋斗目标。在全区"十二五"规划基础上，制定了《门头沟区旅游文化休闲产业发展战略规划》。承担编制这一规划的是美国 AECOM 公司中国区规划北京分公司（以下简称 AECOM）。经过认真评估，京西古道与古村、古寺、永定河文化资源和百花山、灵山生态资源一起，列为发展旅游文化休闲产业的顶级资源，定位为首都国际高端山地旅游文化度假区。在"多维交通规划"中，首先提出要建立"国家步道系统"，即：利用现存古道系统，有机串联起人行步道，形成覆盖全区的国家步道体系，依据地形走向、旅游资源空间分布，设置人行步道，串联现存古道，形成步道网络。由于这个规划是 AECOM 编制的，有可能"国家步道"概念也是 AECOM 提议的。2012年年末确定担任编制《北京门头沟国家步道系统规划》时，担任技术顾问的，是台湾"国家步道"系统的创始人与主要推动者，并致力于台湾"国家步道"建设十余年的"中国文化大学"郭育任教授。当时，中国大陆还没有"国家步道"，也未成立权威管理部门和明确关于"国家步道"的定义。因此，门头沟区编制"国家步道系统规划"，没有现成的模式，也不是坐在办公室"填词作赋"所能完成的。首先，要借鉴国外经验，结合本国实际对"国家步道"给出一个定义。

美国根据相关法案，称国家步道旨在"为公众提供保护、休憩、公共通行、娱乐及感知的步道，塑造国家优良户外活动空间，以促进公众保护、使用、享受和欣赏国家自然和历史资源"。英国国家步道系统的定义是："通过小径、马道和小部分公路等串联起来的，经过英国最秀丽景观，为步行、骑车和骑马者提供的长距离廊道。"我国台湾地区将国家步道定义为："位处台湾山岳、海岸及郊野地区，经过审慎勘察遴选所指认的国家及步行体验廊道，其步道本身除应具台湾地区自然人文资源或景观美质的代表性外，并应能提供国民生态旅游、自然体验、环境教育、休闲游憩与景观欣赏等机会。"

经过对比和研究，北京门头沟国家步道系统的规划者们，提出了中国国家步道的定义，即："位于我国生态与人文资源富集的山岳、水岸或郊野地区，穿越并连接具有国家代表性与国家能级的人文与生态资源，并可串联多样性国家级景区，在为到访者提供自然人文体验、环境与文化教育、健康休闲游憩等多元游憩的同时，实现传承保护文化遗产、永续利用生态资源、促进旅游产业、活络乡村经济、经过国家步道委员会指认的步行廊道。"国家步道系统建设主要依靠古道、驿道、故道等历史文化遗产的研究发现，深入挖掘和精心设计，是环境冲击最小、经济回报和政治回报最高的建设项目。在开发利用古道资源，实现转变经济发展方式，走可持续发展道路，建设和谐社会目标的过程中具有十分重要的意义。笔者个人认为，以上定义和意义，虽然相对于京西古道来说，有量身定制的意思，但是具有很强的广泛性和适用性推广意义，并促进国家成立相关专业机构。

2 深入调研，搞清资源，实地踏勘，是编制规划的基础

编制"门头沟国家步道系统规划"，既然是以京西古道为核心本底，就要对京西古道及其历史文化有一个比较全面的了解。好在已经有了比较好的基础，近30年来，公路、政协文史等部门和一批古道文化爱好者已取得了颇为丰富的考察研究成果。

早在20世纪80年代后期，已有人开始关注京西古道并开始进行考察，门头沟公路史（志）和政协文史资料中，已列入了古代道路的内容。1999年《北京文史资料》第60辑发表了笔者撰写的《京西玉河古道考察记》，2002年《北京青年报》发表了笔者《我与京西古道》一文，尤其是2002年，门头沟区政协文史委员会编辑出版《京西古道》专集以来，更引起了广泛关注。央视科教频道《人民政协报》相继拍、播专题片和发表专栏文章，让京西古道走出了门头沟，通报到北京市及全国。

著名民俗专家赵书先生在讲述北京文化时曾讲道，"北京的自然形胜特点是：

三山五水一平原，一河四道南北穿。

内城外城跨长城，两线三安套六环。"①

"三山"指的是太行山之北京西山和燕山之军都山，"五水"指的是拒马河、永定河、温榆河、潮白河及泃河；"一平原"指的是由永定河及潮白河等河流冲积而成的、缓缓向渤海倾斜的北京小平原；"一河"指的是京杭大运河；"四道"指的是太行山脚通道、门头沟通道、居庸关通道及古北口通道；"内城外城跨长城"无须解释，是古都北京的标志性建筑；"二线"指的是北京南北中轴线和东西向的朝（阳门）阜（成门）线；"三安"指的是横贯北京东西的平安大街、长安大街及广安大街；"六环"指的是已建成的六条环城公路。

简要地说，赵书先生所讲的门头沟通道，即京西古道体系中的门头沟段，也可以称为北京西山段，东连北京城，西达晋、冀、蒙接合部。北京社科院史地专家尹钧科先生曾经讲："首先，门头沟区山间古道开辟较早"；"其次，门头沟区山间古道比较重要"；"再者，门头沟山间古道口久年深，比较典型。"②

与别的地方的古道相比，京西古道最大特点是类别齐全、遗存丰富。既有远古时代的永定河流域古人类天然移动廊道，也有永定河及其金口河水运航道，还有商旅、军用、进香等古道。2012年进行《北京门头沟国家步道系统规划》调研时，经过踏勘和梳理，列入规划的古道684.3km，其中遗存路段达270.5km。在全国第三次文物普

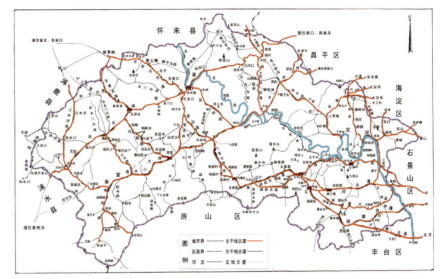

图3 京西古道门头沟区范围内路线示意图

查100项重大新发现中，京西古道中的北京"西山古道"名列榜首；2013年第1期《当代北京研究》杂志称京西古道是"北京市最大规模文化遗产"。

经过20多年的探索与研究，京西古道是依地理地貌形成、纵横交错、以东西向为主的网带状文化线路遗产。其东面，是建在小平原上的北京城；其西面，是太行山、燕山、恒山三山交会的张家口怀涿盆地；串联着北京西城、海淀、石景山、丰台、昌平、房山、门头沟及河北省怀来、涿鹿、蔚县、涞水等

京西广大地区。除昌平外，至今这些地区也都称"京西"，近年还出现了"京西文化"的说法。而京西文化，既有地理、历史、政治、经济的层面，还包括皇家（园林、寺庙、琉璃）、山水、一般寺庙及民间民俗、物产、军事等各方面的文化，当然，更包括以道路为基础的交通文化。只有道路及其交通，才可以将各层面、各方面的文化连接起来，统合起来。

2.1 东西向古道

在古籍文献中，比较系统地介绍京西古道的是《宛署杂记》。该书以阜成门、西直门和广安门为起点，沿着向西的道路及里程，将沿途及两侧村庄都串联了起来。其中阜成门一线，以八里庄、石景山为节点，先后分为三路，分别通往"过山总路"王平口。由王平口往西越大寒岭至斋堂。又以斋堂为节点，分路通往房山史家营、口外保安州（今张家口、宣化地区）等地。西直门一线，经北海淀至今昌平及永定河左岸军庄、妙峰山、雁翅一带。出广安门及卢沟桥，经太行山东麓山脚大道连接门头沟东南部戒台寺、潭柘寺一带。除《宛署杂记》所记路线外，事实上，还有三条线路也很重要。一是今房山区大石河（俗称河套沟）一线，连接起今河北镇、佛子庄乡、南窖乡、大安山乡、霞云岭乡、蒲洼乡及河北涞水镇厂一带；二是明内长城沿线，即居庸关往西南经沿河城至紫荆关一线；三是永定河线，沿永定河两岸，自东南向西北，至怀来官厅等地。

2.2 南北向古道

由多条组成，最主要的有太行山东麓山脚大道和以雁翅、斋堂、清水及孔涧为节点的南北通道。太

图4 国家步道规划专家团队黄草梁调研合影

行山东麓山脚大道，北起卢沟桥古渡口（经广安门进北京城）往南，经良乡、房山通往涿州、保定等地，以此线为基线，向西分出大石河及京易大道；雁翅往北，经芹峪口、四十五岭、镇边城至怀来。斋堂往南，经煤窝、瞧煤涧连接大石河；又经南窖等沟，连接长沟峪、张坊等地；往北经沿河口通往怀来。清水往南，经达摩沟、田寺沟、塔河沟、奴才沟越岭通往房山及野三坡，往北经燕家台、洪水口通往涿鹿。孔涧往南，经

马水口通往紫荆关，往北接怀来—矾山—蔚县大道，穿过此大道经涿鹿、宣化至张家口接张库古道及太行山西麓大道和三晋大道。

以上东西、南北方向的古道，基本上是商旅兼军用古道。

2.3 以寺庙及庙会为中心的放射形进香古道

最为典型的是妙峰山、九龙山、潭柘寺、百花山，各成系统。以妙峰山为中心，分出北道、中北道、中道、中南道、南道、西道等诸道；

图5 门头沟区国家步道体系路线图

以潭柘寺为中心，分出麻潭、庞潭、卢潭、佛门沟、潭王等各道；以九龙山九天圣母庙为中心，分出东平岭、中平岭、西平岭及岭后道各道；以百花山庙为中心，分出马栏道、田寺道、黄安道及岭南诸道。这些古香道，以庙会进香为主，平时兼有商旅、战时兼有交通线功能。

上述道路，不仅将北京及京西广大地区的古村古镇、古寺古城、古洞古墓、名山秀水等物质文化遗产都串联了起来，而且连同这些地方的人类活动及非物质文化遗产，也都一网揽尽了。根据联合国教科文组织《保护世界文化与自然遗产公约实施指南》对文化线路"是一种陆地道路、水道或者混合类型的通道，其形态特征的定型基于它自身具体的、历史的动态发展和功能演变；代表人们的迁徙和流动，代表一定时间内国家、地区内部或国家、地区之间人们的交往，代表多维度的商品、思想、知识和价值的互惠和不断交流，并代表因此产生的文化在时间和空间上的交流与相互滋养，这些滋养长期以来通过物质和非物质遗产不断得到体现"③的定义，毫无疑问，京西古道属于文化线路遗产。以古道遗存为基础，以文化线路相串联，就可以拓展出巨大的研究和保护、利用的空间。

京西古道作为文化线路遗产，应加强研究、保护和传承，但研究、保护和传承的目的与动力，或者说是机制，应该是开发和利用。没有开发利用，也就无所谓保护和传承，也很难动员人们去保护和传承，这样的案例不胜枚举。多年来，很多人在研究京西古道，也取得了不小的成果。但是，如果没有宣传工作发挥的作用，仍可能是所知者寥寥，继续荒废甚至破坏也在所难免。以笔者为例，穷尽20余年努力，踏查和研究京西古道的动力，是从一开始就确立了以京西古道为藤，将古村、古庙、长城、关城等人文景观和山水等自然景观为叶为花为果进行有机串联的目标。配合门头沟区政协、永定河文化研究会、文化文物等部门，打造出了京西古道文化品牌。但是客观地说，前些年经济效益及社

图6 琉璃渠过街楼

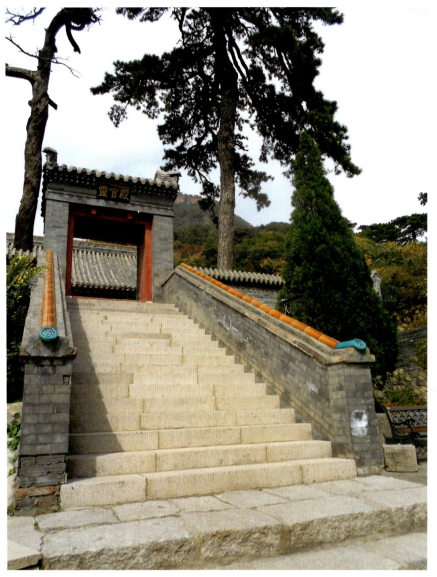

图7 妙峰山灵宫殿

会效益并不很显著。是门头沟区在落实区域功能定位、加速经济结构调整，具体地说就是关停矿井和非煤矿山，需要寻求新的产业和经济增长点，确立以旅游文化休闲产业为主导产业的大形势下，经过调查研究与科学评估，京西古道才受到空前重视，其地位也跃升为顶级资源之一；又在发展文化创意产业和高端产业的促动下，结合国外成熟经验，提出并作出了以京西古道为本底，建设北京门头沟国家步道系统的创意和决策。

但是，仅仅知道这些还是不够的。由于利用京西古道，辟建国家步道，首先是为了让徒步者及到访者行走，所以，对每条路线或路段的具体情况，规划者还不是很清楚，至少说缺乏感性认识，更甭说编制规划所需诸如地形地貌、古道遗存和损毁长度、自然和人文景观、坐标及高程等一系列技术参数和重要元素了。所以，必须进行实地踏勘，而地方知情人的参与也不可或缺。为此，除了 AECOM 团队外，还有包括笔者在内的数名古道爱好者（或者说知情人）的参与，并在区旅游委协调和镇政府支持下，于 2012 年组织了 5 次较大规模的实地考察活动，取得了大量一手资料和数据，梳理出 684.3km 古道路线和 270.5km 遗存路段，以此作为编制规划的基础。

3 精心设计，统筹考虑，反复研讨，是科学合理规划的保障

依照国家步道定义和京西古道以及其他人文自然资源与多维交通条件等具体情况，规划中将北京门头沟区国家步道系统划分为国家级历史步道和综合步道、区域级历史步道和自然步道、地区级兼具历史与综合步道等三级三型五大步道群，即太行山商旅大路步道群、永定河通道步道群、沿长城步道群、妙峰山香道步道群和百花山—灵山步道群，共 40 段，还有一些连接性步道和登山步道。另外，永定河沿岸已建或在建绿道，也是为游人提供旅游休闲赏景的很好步道。

北京门头沟国家步道的规划与建设，除了对全国利用古道文化遗产资源开创国家步道要有指导意义外，还要为市民户外徒步健身运动提供具有安全保障和相应服务设施的广阔空间，对全区，尤其是所在区域发展旅游文化休闲产业提出经营理念、经营方式等参考意见。在"门头沟国家步道系统规划"中，对基础设施、文化设施、安全设施、服务设施等，都提出了严格、规范的要求、规定及相应投入的安排。

为此，召开了几次较大规模的论证会议。每次会议，除规划及专家团队外，都有区主要领导、相关部门负责人参加。由 AECOM 技术顾

问郭育任教授或资深项目经理肖敏作PPT汇报，然后与会同志评头品足，提出意见，然后进行修改，三易其稿，终于完成。随后，门头沟区旅游委又委托另一公司进行可行性调研和论证，修订内容，编制实施详规。之后，实施公司在施工前，再次到实地调研。"可研"和"实施"两步骤调研中，也都有旅游委领导和地方古道专家参与，有时还请AECOM同志参加。由于这是一个大的系统工程，投资额巨大，经营管理及维护也十分复杂，因而不可能一蹴而就。除已经多次研讨外，近日还与其他一些公司或单位进行洽商。

4 利用古道，辟建步道，发展旅游，具有重要意义。

门头沟区委区政府为落实生态涵养发展区和综合服务区功能定位，确立以旅游文化休闲产业为主导产业和"全域景区化"的战略目标，京西古道不仅可以为到访者提供人文与自然体验的途径外，还可以发挥连线作用，使"全域景区化"的实现变为可能。

（1）为村镇经济发展与就业增收提供了广阔空间。由于京西古道呈网带状分布，能将全区各镇各村及各景区都串联起来。这一线性资源的开发利用，需要大批引导者、服务者、维护者和旅游产品销售、食宿服务网点等，这样就为沟峪经济和民俗旅游接待等提供了市场，也为就业增收拓宽了渠道。例如北京乡村秀美旅游文化发展有限公司，与北京京西古道文化发展协会牵手，拟在古道结点建立"古道驿站"连锁店，为游客提供食宿、文化交流、旅游咨询、旅游品展卖等服务，发展门头沟连胜步道及京西古道文化旅游休闲经济。

（2）借助京西古道的开发利用，为文化遗产的传承保护增加助力。譬如王平口与大寒岭之间的"十里八桥段"古道建成国家步道后，到访者可能大为增加，作为北京市级并有望成为国家级非物质文化遗产项目的千军台庄户幡会，不仅在每年元宵节进行走会活动，还可以在平时举行选择性有偿文化演出，从而实现产业化，解决传承经费不足等问题。

（3）可以开展山水、地质科普游。门头沟区的山地面积占全区总面积98.5%，其中很多名峰、峡谷是各具特色的旅游资源，例如东灵山、百花山、黄草梁、妙峰山、九龙山、定都峰、天门山、大地沟、龙门涧、龙门沟、石岩沟、南羊沟、滴水岩沟、九河沟、塔河沟、双龙峡、达摩沟、岩里沟、花沟等峡谷和永定河山峡，利用国家步道和京西古道可以开展山水地质游、自然风光游。而且，在沿着古道旅游的过程中，游客还可以看到很多植物、地质及人文景观，这些在规划调研和编制过程中都已涉及。

（4）可以开展特色文化教育、革命传统教育和红色旅游。步道和古道沿途，有大量物质和非物质文化遗产，可以开展特色传统文化旅游。京西山区是革命老区，可以利用古道连接具有重要意义的遗址或已建成的革命传统教育基地，开展革命传统和爱国主义教育，并开辟红色交通线旅游，例如妙峰山交通站及红色交通线，马栏挺进军司令部旧址及百花山红色交通线等。

（5）利用京西古道，开展文化探源之旅。永定河流域是东亚古人类生活演进的家园，是中华文明起源路上的大熔炉，是孕育北京城市及北京文化的摇篮。但迄今为止，北京尚未建有此类的专业院校，我们可以利用国家步道及其延伸线，举行走京西古道探源之旅等活动，连接北京、海淀、昌平、石景山、房山、门头沟、涿鹿、阳原泥河湾及张家口，带动相关产业，促进环北京经济圈的建设与发展。

5 结语

京西古道暨国家步道在文化旅游休闲产业中可以发挥其特质资源优势，政府可以投资基础设施建设，地方可以发展古道文化旅游休闲产业，实现政府以线带点、地方以点带线的发展模式，同时又可以有效保护文化遗产，前景广阔，大有可为。在"首都经济圈"和"京津冀一体化"建设中，也将发挥重要作用。而《北京门头沟国家步道系统规划》的调研与编制完成和实施，无疑也是最具建设性的一步。

注释

①《北京市政文史和学习委员会2010年资料汇编》第258页。
②门头沟区政协文史资料研究委员会编《京西古道·序》第1、第2页。
③《地图·北京人文地理》（2009增刊）第7页。

景区木栈道设计建设——以九寨沟风景名胜区为例

The Design and Construction of Wooden Paths in Scenic Spots: A Case Study of Jiuzhaigou Valley

文 / 陈浩然　杜　杰

【摘　要】

国内生态旅游蓬勃发展。木栈道因其自然，与景观协调，柔软适中，行走舒适等特点受很多山岳型景区青睐。本文对九寨沟景区木栈道开发的设计理念、线形选择、主要技术指标与创新等作简要梳理，以供景区步道建设参考。

【关键词】

木栈道；步道；景区；九寨沟

【作者简介】

陈浩然　九寨沟管理局规划建设处副处长，高级工程师
杜　杰　九寨沟管理局科研处副处长，工程师

注：本文图片均由作者提供

图1 九寨沟栈景相融

游步道是游客游览的主要通道，连接着各旅游景点和服务设施，影响旅游者体验，因此它的规划设计不仅影响公园的视觉美观性，游客的旅游体验，更直接影响景区生态环境。

国外对游步道的设计、建设研究较早，内容涉及游步道使用的趋势[1-2]，游步道的使用衡量[3-5]，游步道的使用管理[6-8]等，以及对周边资源影响的控制[9-10]等。1968年美国制定了《国家步道体系法》，对于自然风景区内的游步道系统建设进行了官方性质的规定。1996年美国农业部林务局颁布的《游步道建设和维护手册》文件，重点分析了自然公园中游步道的规划和设计问题。国内的关于游步道的研究以设计层面为主[11-15]，游道开发建设尚无确定标准[16]。

九寨沟位于四川省西北部岷山山脉南段的阿坝藏族羌族自治州九寨沟县漳扎镇境内，地理坐标东经100°30′~104°27′，北纬30°35′~34°19′。九寨沟风景名胜区面积720km²，因沟内有树正、荷叶、则查洼等九个藏族村寨而得名，拥有"世界自然遗产"、"世界人与生物圈保护区"、国家级风景名胜区、国家级自然保护区、国家地质公园、国家AAAAA级景区等多项桂冠。游道是景区景观和功能的重要组成部分。多年来，为实现人车分流，增强游客旅游体验以及更好地解决景区旅游环境容量问题，九寨沟先后开发建设了70km的木栈道。这些木栈道的建成开通，既有效提升了九寨沟景区的游览品位，强化了游览安全，又最大限度地保护了生态、维护了世界遗产地的完整性。在此，我们将九寨沟景区木栈道开发的设计理念、线形选择、主要技术指标与质量控制等作简要梳理,以供景区步道开发参考。

1 设计理念和原则

1.1 设计理念

通过合理选线,最大限度地增强游客旅游体验,最大限度地保护生态环境。

1.2 设计原则

(1)安全性:安全性是景区木栈道设计的首要原则。景区木栈道设计时应主要考虑:人车节点分流,栈道周边地形情况调查和地质灾害防治,地基稳定性处理,木栈道材质选择,基础、栈道及护栏安全性设计,雨、雪、霜冻等天气对栈道的影响。栈道开发前必须对其上方山体上的浮石等可能给下方道路和行人造成伤害的危险石头进行沿线排查、清理;对风化松动或裂隙较大不便清理,存在塌落隐患的石头应进行锚杆(筋)或钢筋加固,以确保施工人员和游客的安全。危险路段必须强化安全防范措施,设置警示标牌。

(2)生态性:木栈道选线要遵循对生态、资源环境影响最小的原则,应避免通过环境敏感地带,如饮用水源地、动物栖息地、珍稀植物生长地段,并采用架空、悬挑等方式预留动物通道,减小对周边生态环境的影响。同时,良好的步道建设永远不应该入侵和破坏自然景观,其设计路径应该符合地形构造,建造材料应尽可能与自然融为一体。

(3)观赏性:木栈道不仅是游客游览的主要通道,其本身就是旅游景观。在设计木栈道时,应从游客的视觉出发,"以景定线,依线串景,随景走势,景线合一",时而贯通,时而遮蔽,形断神不断,将其融入大自然风景中,让游人在每一段游步道上都能观赏到不同的景色。

(4)舒适性:木栈道宜设计为水平步道或平缓梯步,表面平整、防滑,易于行走,充分结合自然地形,能缓则缓,避免出现长陡坡、连续上台现象,并应间隔设置简便舒适的休息设施。

(5)科普性:木栈道沿途有观赏、科研、药用等代表性的植物以及特殊地质结构、自然现象、人文景观等要素,宜设置通俗易懂的解说牌,增强其科普性。

(6)兼容性:木栈道建设时应对电力、通信、排污等配套设施同

图2 九寨沟栈道节点

步设计，同步施工，避免重复施工对生态环境的破坏。

2 线形选择

木栈道的线形设计对于其外观效果具有决定意义。木栈道位于三维空间中，因此，其线形设计也应从三维的角度加以考虑，通常应关注栈道的平面线形和纵面线形。

2.1 平面线形

景区栈道的平面线形较为简单，主要为随意曲线和直线两类。但不同的线形给旅游者的心理感受差别较大。蜿蜒曲折的栈道线形能增强旅游者的游兴，而直线形的步行道则使旅游者视线集中于道路终点。所以曲线形步行道在休闲、度假、观光型景区内大量采用；直线形步行道则在陵园类或具有纪念意义的景区中应用。在栈道线形设计时，曲线美于直线，多选用曲线形，如S形、环形、C形、"之"字形等。具体选用哪种线形取决于地形状况，如地形比较平缓、开阔，选用S形、C形较好；如果地势陡峭，则多用"之"字形。选用以上线形无论从高处远眺，还是从近处观看，都会感觉到游步道线条优美、顺畅、和谐，游客走起来也比较舒适，不会有单调的感觉。但当制高点有中心景点时，也可以直代曲，如仰视直线拾阶而上，通过两侧森林形成主甬道，给人以崇敬和震撼的效果。

2.2 步行道的纵面线形

栈道的纵面线形主要有两类，一个是纵曲线，一个是梯状步道。

图3 九寨沟林荫栈道

纵曲线设计较为简单，主要是根据地形的起伏来进行设计，在坡度不大于25%的情况下，均可采用纵曲线。当坡度超过25%时采取梯状步道的设计方式。纵曲面设计时兼顾坡道的自然排水，同时不一味地水平伸展或过度爬坡，以免造成游客不必要的疲劳感。

3 主要施工技术指标

木栈道的主要技术指标包括基础、路面、护栏及附属设施四部分。

3.1 面积与材质标准

生态步道道路宽度在设计时要参考景区及人行横道的指标范围，考虑个人活动空间范围、交往空间范围、步行流量、速度、人流量、密度和人均步行面积等。[17]

九寨沟木栈道宽度设计为2000~4000mm，部分地段的栈道宽度视地形及游览需求适当调整。重要景点、段栈道不能满足实际需求的，增设复式栈道，如环形、垂直分段、水平分段等形式。复式栈道设计时应考虑地形、游客流量、景观原真性等因素。根据观景需求合理设置观景休闲平台，并结合景点特点采用挑出、围绕等结构形式，使用面积10~40m²。木材基本密度要求不低于0.4 g/cm³。木材材质为一等锯材，每一延米不超过6个油节，木材无裂缝、破损。栈道板、枕木、护栏等构件均进行环保防腐处理，达到GB/T 22102要求。

3.2 基础

3.2.1 实体基础

利用稳定的岩石作为基础，地势平缓、植被稀少地段，可采用石块砌筑基础。

3.2.2 架空、悬挑基础

采用10号热轧工字钢或混凝土预制梁柱，基础顶面距地面高度不少于400mm，基础高度随地形而变；基础设置防沉降构件，地基不稳定的加强基础结构；对跨度较

图4 九寨沟通往自然之路

大的栈道采用梁式、拱式、钢架等桥结构形式，设计要求符合CJJ11标准；结构设计应符合GB50153要求；基础部分作仿生态包裹处理。

3.3 路面

统一枕木、栈道板、梯步踏步的尺寸规格；栈道板设置不大于5mm的间隙；对栈道板做防滑拉槽处理，防滑面五槽或七槽。

3.4 护栏

在地势险峻，临水危险，游客流量大，多级梯步，栈道面距地面1m以上的地段和观景平台要求设置护栏。在每100～200m设置一处活动栏杆，以便于检修和游客疏导。综合考虑安全、观赏性因素，统一规定了立柱截面、圆柱直径、柱高、柱间距、横杆截面、横杆顶面高度、横杆间距、防护构件等要素规格。

3.5 附属设施

3.5.1 安全防护设施

步道通过的地质灾害区域应设置安全防护措施，危险路段应在护栏外增设柔性防护网，飞石、危树等路段应设置防护通道。

3.5.2 垃圾箱

根据景区游客流量设置垃圾箱，密集区域距30～50m，一般区域距50～100m；对垃圾箱放置点的栈道进行加宽处理或设置底座；使用分类回收垃圾箱，造型美观独特、简洁大方，与环境相协调；垃圾箱设置不影响通行。

3.5.3 休息椅凳

观景平台及间隔200～300m的栈道配置休息椅凳，与垃圾箱配套设置；休息椅凳材料采用木材或石材；休息椅凳造型要求简洁大方，富有地方特色，可满足两三人休息，不影响通行。

3.5.4 标示标牌

在栈道重要的区域、路段、节点等设置标牌，在危险地段必须设置警告标识。标牌的设置要求符合GB/T 15566.1和LB/T 013的规定。在栈道护栏明显位置设置附着式安全警示标志。

在重要景点、段设置无线热点，信息查询终端、搜救终端、应急电话、服务点（如吸氧点、商品售卖点）、洗手间等设施，体现出游步道的舒适性和人性化，强化旅游服务。这样既方便游人游览、观赏，又使景区贯穿成一个有机整体，保证景区的各项设施有机地发挥作用。

4 质量控制

木栈道施工质量须符合 GB 50206、GB 50300 规定，基础钢架焊接满足 GB 50661 要求。用自攻螺丝将枕木固定到基础钢梁，固定点间距不大于 800mm，每根枕木固定螺丝数量不少于 3 个。栈道板面铺设平顺、自然、美观，前后板高差应控制在 ±2mm 内；弯道处板面须倒角，栈道板做裁边处理，并进行打磨，确保线形一致。梯步板面铺设做到水平，避免不均匀沉降；梯步踏步前端和两侧不铺设边缘有油节的板面。栈道板固定选用不低于 80~95mm×5.5mm 的自攻螺丝，每块栈道板固定自攻螺丝 6 颗，3 行排列，每行 2 颗，间距平分，达到线形一致，偏差不超过 0.5mm；基础线形偏差较大的路段现场确定；钻孔后再上螺丝，禁止用锤子直接敲入。护栏立柱安装牢固，竖直误差不超过 ±2mm；护栏上部各构件棱角倒圆，表面光滑。做到安全文明施工，不影响游客正常游览。

5 总结

木栈道采用了原生自然的工程材料，纹理多样、富于变化，能够很好地融入周边环境，与周边景色更加协调，纯然一体；软硬适中，行走舒适。因此，木栈道在景区步道设计中广为使用。然而，木栈道也有其自身的缺点，如：木质容易被腐蚀；潮湿、冰雪路段很容易滑倒，引起游客受伤等。九寨沟处于青藏高原向四川盆地陡跌的过渡地带，地形复杂，天气条件多变。九寨沟木栈道的建设因地制宜，既有独特性的创新，又有选择性的摒弃，如：CCA 防腐处理的木材有很高的重金属含量，潜在环境污染风险较高[18]，九寨沟为此全面停止了 CCA 防腐木材的使用；护栏立柱由平顶式设计为尖顶式，增加了防腐效果；由在平面步道板上铺设钢丝网式的防滑处理，升级为步道板防滑拉槽处理，既达到了安全目的，又与环境更加协调。

经过多年的发展与创新，九寨沟的木栈道已成为名副其实的生态之廊、科普之路、文化之桥、

图 5 九寨沟文化之桥

图 6 尊重自然，人行于景

图7 九寨沟栈道梯步

安全之道。

5.1 生态之廊

九寨沟的木栈道,按照生态理念设计,充分发挥生态效应,是人们融入自然和参与户外活动的有效媒介,为游人提供了一条原生态、与自然融合的绿色廊道。沿溪流边布线的栈道,让人们欣赏跌宕起伏的流水,聆听潺潺的水声,感受自然的纯真;濒临瀑布的栈道,让人置身于高浓度的空气负氧离子,感受大自然的气息,赞叹瀑布的宏伟/秀气;通往森林深处、洞穴的栈道,则展现了不同海拔的植被、地质的更多细节,让人尽享自然宁静之美。

5.2 科普之路

九寨沟的木栈道并不是独立的,而是整个景区环境解说体系的一部分。其所含的信息种类繁多,从基本的动植物物种、钙化景观、生物化石到生态系统保育、世界自然遗产保护等尽皆具备,使游客在切身感受的过程中能体味和认知景观所附带的知识信息。利用栈道,定期举行的环境教育活动(观鸟、植物识别等),为游客提供了认识自然、体验自然提供了良好的途径。

5.3 文化之桥

文化是旅游的灵魂,旅游是文化的载体。九寨沟的木栈道连接新老藏寨、水磨坊、寺庙等重要文化景点,引导人们探索、认知当地文化的文化特色。同时,栈道的重要节点(如休息厅、观景台等)设计充分体现了藏文化风格,经幡等文化元素营造出独特的文化氛围,是感知本地文化的重要媒介。

5.4 安全之道

独立于观光车道的木栈道连通各个景点，以人车分流的方式强化了游客游览安全。路线设计时对地质灾害点的规避，建设过程中的危石清理、基础加固和质量把关，以及定期的巡查维护，最大限度地确保了游客的游览安全。

参考文献

[1] Spencer, et al. Trends in hiking and backcountry use [R]. Trends Symposium. Broomall, PA. General Technical Report NE-57. USDA Forest Service, Northeast Forest Experiment Station. 1980:195-198.

[2] Lucas, Robert C. Recreation trends and management of the Bob Marshall Wilderness Complex IRI.1985 Outdoor Recreation Trends Symposium II. Atlanta, GA; USDI National Park Service, Southeast Regional Office. 1985:309-316.

[3] Lucas, Robert C. Hikers and other trail users [A]. In: Recreation Symposium Proceedings [C]. Upper Darby, PA: USDA Forest Service, Northeastern Experiment Station. 1971:113-121.

[4] Lucas, Robert C and J L Oltman. Survey sampling wilderness visitors[J]. Journal of Leisure Research. 1971, 3(I): 28-42.

[5] Hendee, John C and C Lucas Robert. Mandatory wilderness permits: a necessary management tool[J]. Journal of Forestry. 1973, 71(4): 206-209.

[6] Stankey, George H and John Baden. Rationing wilderness use: methods, problems, and guidelines [R]. Research Paper INT-192. Ogden, UT: USDA Forest Service, Intermountain Forest and Range Experiment Station.1977:1-20.

[7] Baldwin, Malcolm F. The off-road vehicle and environmental quality [R]. Washington, DC: The Conservation Foundation.1970:1-52.

[8] Cole D N. Vegetational changes associated with recreational use and fire suppression in the Eagle Cap Wilderness Oregon: some management implications [J]. Biological Conservation. 1981,20: 247-270.

[9] Cole D N. Assessing and monitoring backcountry trail conditions[R].Research Paper INT-303. Ogden, UT: U S Department of Agriculture, Forest Service, Intermountain Forest and Range Experiment Station,1983:1-10.

[10] Ream C H. Impact of backcountry recreationists on wildlife: an annotated bibliography [R]. General Technical Report INT-84. Ogden, UT: USDA Forest Service, Intermountain Forest and Range Experiment Station.1980:1-62.

[11] 邓英.重庆城市步道人性化生活空间的重塑——重庆市渝中区水厂至长江滨江公园步道环境设计[J].重庆工商大学学报(西部论坛),2004(6):54-57.

[12] 罗志军.永川市棠城佳苑外周步道景观设计探讨[J].西南农业大学学报(社会科学版),2004,2(4):106-108.

[13] 江海燕.自然游憩地步道系统规划设计[J].中南林业调查规划,2006,25(4):17-20.

[14] 杨铁东.森林公园中游步道设计探索[J].华东森林经理,2004,18(4):46-48.

[15] 李沁.森林公园游步道体验设计的探讨[J].山西林业科技,2006(3):55-56.

[16] 汪言盛.试析黄山风景区旅游步道的建设标准[J].市政·交通·水利工程设计,2008,82-88.

[17] 周年兴,俞孔坚,黄震方.绿道及其研究进展[J].生态学报,2006(9):3108-3116.

[18] 刘一星,于海鹏.木材防腐剂的环境安全性刍议[J].中国木材保护,2006(5):23-28.

www.bescn.com

美丽大地 风景中国

BES INTERNATIONAL CONSULTING GROUP

集团简介

大地风景国际咨询集团由大地风景旅游景观规划院（国家级旅游规划甲级资质）、风景大地（北京）旅游投资管理有限公司、大地蜗牛景区管理公司、北京大地风景建筑设计有限公司、北京读道创意机构等联合组成，并与世界旅游组织（UNWTO）、亚太旅游组织（PATA）、国际旅游学会(ITSA)等国际旅游组织建等国际旅游组织建化旅游咨询集团。

集团提供从旅游规划、建筑设计、旅游投融资、营销策划到景区管理、旅游商品创意等一站式咨询服务，服务覆盖全国33个省市自治区及200多个市区县，拥有国内高端旅游投融资俱乐部、国内首个全产业链旅游商品创意机构，以及500多个成功案例。

十多年间，大地风景国际咨询集团先后获得北京市科学技术进步奖、中国旅游规划设计十大影响力品牌、最佳设计方案金奖、最佳园林设计方案金奖、最佳景观设计方案金奖、中国休闲创新奖、中国旅游贡献奖、全国质量服务信誉信得过单位等数十项荣誉。

地址：北京市朝阳区北四环中路27号盘古大观31层
邮编：100101

电话：(86)10 59393956/3965（集团） (86)10 5939 3960（读道创意）
传真：(86)10 59393985

www.dodao.cn　　400 026 3866

读道创意简介

读道创意是大地风景集团旗下品牌，是一家旅游创意服务公司，为全国各地旅游城市、旅游景区、旅游企业提供旅游商业咨询、旅游商品创意设计+投资、旅游品牌设计＋营销、旅游教育培训等一站式服务。读道创意专注于为客户提供围绕旅游的全产业链创意咨询服务。并坚信创意服务公司发挥的作用不仅仅是咨询策略、创意方案，更重要的是站在客户立场解决问题，致力于旅游创意的落地和客户的可持续发展。

读道创意荣誉

中国首个旅游商品全程解决方案提供商
中国首个省级旅游商品开发规划服务单位
国家旅游商品研发中心首席合作伙伴
第十二届全国运动会特许商品全程服务商
2013中国锦州世界园林博览会特许商品及品牌全程服务商

读道创意经典案例

100余个成功案例，1个省级旅游商品开发规划（海南），5个地级市旅游商品开发全程服务，20余个旅游商品联合研发基地，全国数十家旅游商品连锁经营店铺，100多家设计机构联盟，几万家下游厂商资源……

海南省旅游商品开发规划
锦州市旅游商品全程解决方案
延安市旅游商品全程解决方案
吉首市旅游商品全程解决方案
第十二届全国运动会特许商品规划设计
2013中国锦州世界园林博览会特许商品全品类规划设计
成都市／杭州市／西安市城市品牌策划与营销
2013锦州世界园林博览会品牌形象系统设计

地址：北京市朝阳区北四环中路27号盘古大观31层　　电话：010-5939 3960　传真：010-5939 3985

《旅游规划与设计》（1-10辑）按需印刷

本刊前10辑集合成套，统一印刷，整体出售，如有需求，请联系编辑部

联系人／陈静
电　　话／010-59393229
邮　　箱／tpdtourism@163.com
微　　博／@旅游规划与设计
微信公众号／旅游规划与设计
地　　址／北京市朝阳区北四环中路27号院
　　　　　盘古大观写字楼3109室(100101)

新书推荐

作者：吴必虎　高璟　李关平　李菲菲

本书在理论上尝试从多途径城市化和旅游导向型城市化角度，构建起一套城市旅游规划的理论学说，内容上集合了十几个规模宏大、举世闻名的国际旅游城市和省会城市案例，还对过去二十多年涌现的城市新区的旅游发展加以讨论。

北京：东方古都遗产旅游与国际商务会展目的地建设
西安：唐都大遗址活化与曲江模式创新
成都：世界遗产旅游与国际乡村度假目的地建设
杭州：基于国际营销的产品创新与最佳旅游城市管理体系建设
郑州：通过文化娱乐旅游发展推动城市产业转型
长沙：创意文化产业与中国娱乐之都建设
拉萨：青藏高原生态与藏传佛教文化旅游胜地培育
延安：红色旅游与陕北民俗旅游目的地建设
敦煌：丝绸之路遗产旅游可持续发展
徐州：资源型城市转型与区域旅游合作创新

本书在全国各大新华书店以及当当网、京东商城、卓越亚马逊、苏宁易购等均有销售。

2014国际旅游度假目的地评价 火热进行中

| **参与对象** | 旅游目的地城市、景区、度假区 |
| **报名时间** | 2014年7月-2014年12月 |

组织结构　　**活动流程**

学术指导机构

中国旅游研究院

北京大学旅游研究与规划中心

北京联合大学旅游学院

北京第二外国语学院旅游管理学院

主办单位

人民网

国际旅游学会

承办单位

大地蜗牛（北京）景区管理有限公司

协办单位

大地风景国际咨询集团

品橙旅游

活动启动 2014年7月4日

报名 2014年7月4日-10月31日

网友投票 2014年11月1日-11月31日

颁奖典礼 2014年12月底

专家评审 2014年12月初

联系方式

联系人：茹 蕙
联系电话：010-59648990
手机 15811101848
邮箱：dadiwoniu@126.com

报名方式

方式一：
人民网活动主页 http://dujia.people.com.cn/ 下载2014国际旅游度假目的地评价活动申报表，完成注册报名；

方式二：
扫描下方二维码，关注活动承办方官方微信账号报名，实时了解活动动态。